처음으로
공부가
재밌어지기
시작했다

처음으로 공부가
재밌어지기 시작했다

초판 1쇄 발행 2024년 2월 7일

지은이 임진강(데미안)
펴낸이 최현준

편집 김정웅, 구주연
디자인 김소영

펴낸곳 빌리버튼
출판등록 제 2016-000166호
주소 서울시 마포구 월드컵로 10길 28, 201호
전화 02-338-9271
팩스 02-338-9272
메일 contents@billybutton.co.kr

ISBN 979-11-92999-28-9 (13370)

수포자 8등급을 8개월 만에 수능 1등급으로 만드는
'각성자 공부법'의 모든 것!

처음으로
공부가
재밌어지기
시작했다

임진강(데미안) 지음

빌리버튼

서문

여러분은 수능에 대해 어떤 감정을 품고 있나요? 과거에 수능을 치렀든, 앞으로 수능을 준비하든 간에 대부분은 수능에 대해 부정적인 느낌 혹은 거부감을 가질 확률이 큽니다. 공부, 공부, 공부를 외치는 한국 현실상 공부에 대해 좋은 감정을 품기는 힘들 것입니다. 저는 수능에 대한 감정이 참 긍정적입니다. 당시 저는 전교에서 뒤에서 20여 등을 하던 학생이었습니다. 한때는 저도 공부를 싫어하고, 공부와 인연이 없는 줄로만 알았습니다. 본격적으로 공부를 시작한 건 고3 때였습니다. 내신은 이미 끝난 싸움이고, 믿을 만한 것은 1년 간의 벼락치기였죠. 밑바닥이었기에 불가능해 보였지만 저는 고작 10개월의 공부로 수능과 고3 내신 모두 전교 1등을 했습니다. 졸업식 날 단상에 올라 대표로 상을 받았습니다. 수포자 출신인데 수학도 공부한 지 10개월 만에 만점을 받았습니다. 역전 가능성이 있다는 것이 수능의 장점이더군요.

저는 18살까지 공부를 싫어했고, 공부 잘하는 친구를 순응적이라며 내심 무시했습니다. 하지만 미래는 어떻게 될지 모릅니다. 그토록 싫어했던 공부를 제가 좋아하게 될지는 꿈에도 몰랐어요. 뒤늦게 시작한 공부가 저는 왠지 모르게 즐거웠습니다. 그리고 제가 겪은 급성장이 혹시 일회성인지 아닌지 알고 싶어졌습니다. 저를 거쳐 간 '각성의 기회'가 남에게도 가능한지 알고 싶었습니다.

지난 20년 동안 저는 학생들을 일대일로 지도 해왔습니다. 지도하는 과목은 수학이지만, 저는 단순히 지식을 전달하는 것을 넘어서, 학생들의 태도와 마인드를 바꾸는 것에 주력합니다. 이 과정에서 제가 내린 결론은 학생 중 80%는 정신적 '각성'을 이뤄낼 수 있다는 것이었습니다. 즉, 제가 가르쳐 온 학생들의 80%는 혁명적으로 변화했습니다. 학생들은 수학뿐만 아니라 모든 과목에서 자신감을 얻고, 성적의 급성장을 경험하였습니다.

이런 변화는 제가 직접 가르치는 학생들에게서 주로 나타납니다. 반면 저의 지도를 받지 않은 학생들 사이에서는 이와 같은 변화를 찾아보기 힘들었습니다. 어디서 이런 차이가 났을까요? 진정성의 차이가 아닐까 싶습니다.

저는 혁명적 변화와 각성을 직접 겪었습니다. 진짜 경험에서 비롯된 진정성 있는 가르침이기에 학생들도 변화할 수 있었습니다. 제 열의도 그대로 전이시킵니다. 그런 믿음에 의해 제자들은 제 말을 귀담아듣고 스스로 변화하려고 노력하더군요. 아마 제가 학창시절 모범생으로 공부만 해왔다면 아이들을 설득하는 데 다소 한계가 있었을지도 모르겠습니다. 제가 가르쳐 온 학생들은 과거의 제 모습처럼 뒤늦게 공부를 시작했습니다. 그동안 강력한 동기부여로 이들을 각성시켜왔습니다. 8등급에서 시작해서 1년 만에 1등급이 되는 등 그 효과는 놀라웠습니다. 직접 지도하며 각성시켜왔던 소수의 제자들을 넘어서, 이제는 다수의 학생들을 각성자로 만들고자 합니다. 제가 그동안 지도했던 학생들에게 제공했던 학습의 노하우와 마인드셋을 본 책에 빠짐없이 수록하였습니다. 본 책을 읽는 여러분들에게 변화의 자극제가 될 것임을 확신합니다. 변화에 대한 저항에 반발하고, 여러분의 행동을 촉발하고, 더 이상 미루지 않고 즉발하기 바라면서 이 글을 써 내려갑니다.

저는 제 경험을 모델링해서 각성자 공부법을 만들었습니다. 왜 공부를 해야 하는지 알아야 스스로 각성할 수 있습니다. 강력한 이유는 강력한 행동으로 이어집니다. 남이 시키는 공부는 한계가 있어요. 본인만의 동기와 이유를 가진 채 스스로 각성을 해야 합니다. 이런 자발성이 있어야 자기주도적인 공부를 할 수 있고, 더 간절하게 배움에 뛰어들 수 있어요. 제가 알려주는 각성자 공부법을 적용하고 실천하면 몇 개월이면 달라집니다. 자신은 공부에 재능이 없다고 생각하는 경우가 많습니다. 아닙니다. 누구든 마음만 먹고, 뜻을 크게 갖는다면 단지 시간의 문제일 뿐 충분한 성과를 거둘 수 있어요. 특히 십 대에 접하는 입시공부는 고차원적인 학문의 세계가 아니라 단지 중등교육에 불과합니다. 각성을 한다면, 재능과 시간적 한계를 뛰어넘어 노력으로 극복 가능한 수준입니다. 이전의 모든 것은 연습에 불과하니 이제 제대로 부딪혀보길 응원합니다.

CONTENTS

CONTENTS

CONTENTS

PART 1

42만 명
과외 강사 중
1위 강사의
공부법

수포자 8등급을 8개월 만에
수능 1등급으로 만든 유일한 비법

저는 극단적 성적 향상 전문가입니다. 학생을 가르치고, 변화시키는 일만 20년 가까이 해왔습니다. 만약 이 글을 읽는 독자가 학생이라면 여러분을 각성시키고, 보다 더 공부에 집중하게 만들고, 지치지 않고 공부에 몰입할 수 있도록 열정을 불어넣을 수 있는 선생님입니다. 성적이 6~8등급이라면 거뜬하게 1~2등급을 만들어 줄 수 있는 선생님입니다. 저는 여러분을 뒤바꿀 수 있습니다. 그렇게 단언할 수 있을 만큼 변화에 대해 탁월한 능력을 가진 동기부여의 귀재입니다.

저는 가르침에 있어 일개의 평범한 향상으로 만족하지 않습니다. 우선 저 자신부터 수학 8등급인 수포자였습니다. 고3 올라가는 시기에 공부를 처음 시작했습니다. 그 뒤늦음에 대해 얼마나 자책을 했는지 모릅니다. 하지만 저는 치열한 노력으로 그 지각 인생을 극복했습니다. 노력 끝에 공부한 지 불과 10개월 만에 수능 수학 만점을 받았습니다. 그뿐만 아니라 수능 총점과 고3 전과목 내신까지 교내 1등을 차지했습니다. 그전까지 저는 똑똑함과도 거리가 멀었던 학생이었기에 두 가지 궁금증을 갖게 되었습니다.

첫째, 어떻게 나처럼 공부를 싫어하고 안 하던 사람이 갑자기 공부를 시작해서 급성장을 거둘 수 있는가?
둘째, 남들이 3년 이상 공부하고도 받기 힘든 점수를 어떻게 나는 고작 10개월 만에 성취했는가? 그리고 그 압축 성장의 방법과 노하우를 남에게 전수할 수 있는가?

위의 궁금증을 해결하고자, 저는 20대 초부터 학생들을 곁에서 관찰하고 개입하며 직접적으로 공부를 지도해왔습니다. 수학을 직접 가르치면서, 공부법과 공부 습관에 대해 지도하고, 공부 마인드까지 뒤바꾸는 수업을 해왔습니다.

200명 이상의 제자를 일대일로 직접 가르치면서 그들의 기질과 상황에 맞게끔 지도를 해왔습니다. 80% 이상은 놀라운 변화를 했다고 자부합니다. 제 경우보다 뛰어난 결과를 성취한 학생들도 많았습니다. 수포자 8등급으로 시작해 8개월 만에 수능 1등급을 받습니다. 4등급에서 고작 4개월을 공부하고 1등급이 나오기도 했습니다. 공부에 관심이 없거나 공부를 못하던 학생들도 각성의 계기와 마주친다면 폭발적 성장을 할 수 있습니다. 노베이스여도 상위권으로 도약할 방법이 있습니다. 수포자 8등급을 1년 안에 1등급으로 만들어 내는 강사는 아예 없다시피 합니다. 아주 극소수나마 예외는 있습니다. 바로 저입니다. 저는 기적 같은 역전을 만드는 강사입니다. 제 교수법은 월등합니다. 그리고 그 탁월한 성과를 만들어내는 공부법은 바로 '각성자 공부법'입니다.

'각성자 공부법'은 다년간의 연구 끝에 탄생한 공부법입니다. 과거에 제가 대형 입시사이트에서 썼던 칼럼이 다년간 오래 읽히면서 조회 수가 수십만을 기록하기도 했습니다. 수능 공부 지도와 수학 수업까지 2005년부터 2023년 현재까지 19년간 학생들을 이끌어 나가고 있습니다. 오랫동안 공부 성적의 급상승과 학생 개인의 혁명적인 변화에 대해 연구해왔고, 그 결과를 바탕으로 높은 실적을 내왔습니다. 학생의 정신적 각성을 이끌어 내고, 단기간에 집중적인 성적 향상을 만들어내는 데는 제가 대한민국 최고라고 자부할 정도입니다.

저는 현재 교육기업인 '어웨이큰 아카데미'를 운영하며 각성자 공부법을 가르치고 있습니다. 각성자 공부법은 학생들의 정신을 각성시키고, 그들에게 공부에 대한 확고한 동기부여를 심어줍니다. 각성은 자기 자신의 잠재력을 폭발시키는 깨달음입니다. 이는 집중의 고조와 능력의 향상으로 이어집니다.

블로그와 국내 1위 과외 플랫폼에서 입증한 각성자 공부법

국내 1위 과외 플랫폼이 있습니다. 학생 회원 110만 명, 선생님 회원 42만 명 이상이 가입한 플랫폼입니다. 저는 등록 강사 42만 명 중 2022년, 2023년 2년 연속 겨울방학 시즌에 매출을 가장 많이 올린 선생님입니다. 2년 연속 2월 기준 랭킹 1위입니다. 이 플랫폼에서는 최근 성사된 수업을 점수화해 공개하는데 2월 기준 2위 그룹과 2배 이상 점수 차이가 날 정도로 압도적이었습니다. 수업 수요가 가장 많은 기간인 겨울방학에 전 과목 대상 42만 강사 중 압도적 1위를 찍은 겁니다. 매년 겨울방학 시즌에 전 과목 통합 가장 영향력 있는 선생님입니다.

　점점 제 수업을 찾는 학생과 학부모님이 많아졌지만 가르치는 학생 수의 제약으로 수업 요청을 거절하게 되는 점이 늘 아쉬웠기에 블로그를 만들어 공부 칼럼을 쓰게 되었습니다. 더 많은 학생들에게 제 공부법을 전수하고 싶었습니다. 제가 경험한 역전승의 기쁨을 더 많은 학생들에게 전하고 싶었습니다. "오늘 나의 불행은 언젠가 잘못 보낸 시간의 보복이다."라는 나폴레옹의 말처럼 늦게 시작하는 학생, 백지상태의 학생들이 더 이상 시간을 헛되이 쓰지 않도록 응원하는 마음으로 공부법을 전수해왔습니다. 특히 입시 공부는 지름길과 노하우가 있습니다. 저는 그 과정과 방법을 알려주고 싶습니다. 잘못 보내는 시간은 언젠가 시간의 보복으로 되돌아오지만, 굵고 진하게 보낸 시간은 영광과 크나큰 보상으로 찾아옵니다.

　그런 마음을 담아 운영한 블로그 '매일매일 나는 나의 길을 간다'는 현재 구독자 수가 16,000명이 넘는 대형 교육 블로그로 성장했습니다. 누적 방문자 수는 330만 명 이상이며 매일 수천 명 이상이 방문합니다. 블로그에 올린 칼럼과 글의 스크랩(공유) 수는 현재까지 57,000건이 넘습니다. 그동안 읽힌 모든 글의 조회 수가 330만 회가 넘고, 사람들이 공유하려고 담아간 횟수가 6만 회 가까이 됩니다.

제가 운영하는 '매일매일 나는 나의 길을 간다' 블로그 정보

블로그에서 학기 초인 3월에 공부법과 공부 습관을 상담했던 고3 학생이 어려운 정시벽을 뚫고 서울대 의대에 들어간 적이 있습니다. 대학 발표가 난 후 그 기쁜 소식을 블로그에 찾아와서 알려주더군요. 제가 올린 블로그의 글에 큰 동기부여와 힘을 얻는다는 학생들의 댓글이 많이 달립니다. 그때마다 저는 보람을 느끼고 있습니다.

그동안 제가 만들어낸 변화는 놀라웠습니다. 고3 3월 모의고사 성적이 국어 5등급, 수학 6등급, 영어 4등급인 수포자 제자가 불과 8개월 만에 수능 국수영 모두 1등급을 받았습니다. 다른 제자는 가수를 꿈꾸며 소속사에 들어가 연습생을 하던 학생이었습니다. 십 대 내내 준비해온 가수 데뷔에 실패한 후 20살에 되어서야 공부를 처음 시작했습니다. 수학을 단 한 번도 공부해본 적 없던 학생입니다. 고3 수능 수학은 8등급이었습니다. 하지만 진로를 바꾸면서 재수를 하게 되고 저를 만나게 됐습니다. 결과는 함께 9개월을 공부하고 수능 수학 1등급이 나왔습니다. 이런 성과를 블로그에 공개해왔습니다. 제가 학생들을 각성시키고 변화시키는 데 탁월한 능력을 갖고 있다는 것을 블로그에서 제자들의 기록을 통해 확인할 수 있습니다.

비약적 성적 향상에는 우선 공부 태도와 습관의 놀라운 변화가 선행되었습니다. 저는 학생들을 이끌면서 매일 순수 공부 시간을 보고받습니다. 저는 수포자, 그 전에 공부를 거의 안 해봤고 공부를 열심히 할 의욕이 없던 학생들을 주로 가르쳐왔습니다. 2023년 1월 겨울방학 때 하루 전체 공부량이 3~4시간 정도밖에 되지 않던 학생들이 있었습니다. 태도와 습관의 중요성을 강조하고 정신교육과 동기부여를 한 뒤로는 공부량이 급격히 늘었습니다. 자신의 한계를 깨고 하루 14시간 이상을 공부하게 되었습니다.

80%의 학생들은 저를 만난 뒤 공부량이 압도적으로 늡니다.

6~8등급이 1~2등급을 받는 원동력 중 하나는 바로 이런 압도적 변화, 즉 각성입니다. 그리고 저는 그 각성을 이끌어 냅니다. 아래 사진은 제자들이 매일 공부량을 보내온 기록입니다.

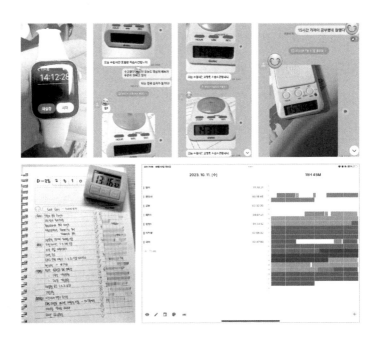

2023년 현재 3월 모의고사 4등급에서 3개월 만에 6월 모의평가 1등급을 받은 고3 제자도 있습니다. 전년도 수능으로 인서울을 못 가는 성적의 학생이 지금 제 지도 아래 불과 8개월 만에

연고대 이상 갈 점수를 받고 있습니다. 작년 고3 때는 하루 6시간을 공부했지만 지금은 13~14시간씩 매일 꾸준히 공부를 하고 있습니다.

수능 카페 또한 운영한 적이 있습니다. 회원들이 각자 공부한 순수 공부 시간을 올리면 매니저인 제가 그 시간을 정리한 뒤 매주 공부 시간 랭킹을 발표하는 시스템으로 운영했습니다. 선의의 경쟁 덕분에 회원들 각자 치열하게 공부했습니다. 그에 따라 제 실적도 좋았습니다. 주간 105시간으로 매주 공부 시간 1위를 찍은 학생은 현역 정시로 서울대 의대를 갔습니다. 당시 상위 랭커 학생 1~5위까지는 꾸준히 매주 90~110시간을 공부했습니다.

꾸준한 주간 공부량에 비례해서 입시 결과가 나오더군요. 당시 꾸준히 공부 시간을 올리고, 주간 80시간 이상 하던 학생들은 대부분 명문대에 합격했습니다. 소수 정예로 운영하던 카페였는데 공부 시간을 올리던 학생 30여 명 가운데 서울대만 4명 붙었습니다. 뉴욕대 1명, 고대 1명, 한양대 3명, 서울교대 3명, 시립대 1명, 이대 약대 1명, 지방 교대 2명 등등. 정원의 절반 이상이 중경외시급 이상의 대학에 진학했습니다. 이때 공부 카페를 운영하면서 얻은 결과를 들여다봤을 때, 꾸준한 공부량이 얼마나 중요한지 새삼 알게 되었습니다.

1년 노력으로 미래를 바꾸는
폭발적 성장의 힘

저는 스무 살 이후로 책을 5,000권 이상 읽어왔습니다. 이 중에 절반 가까이가 변화와 혁신에 관한 영감과 지침을 주는 책과 교육 관련 서적이었습니다. 매년 어떻게 하면 더 효율적으로 가르치고, 아이들을 더 지적으로 향상시킬 수 있을까 20년간 궁리를 해 왔습니다.

제 교육의 목표는 대형 강의식으로 학생을 여러 명 앉혀 놓고 교과 지식을 일방적으로 전달하는 게 아닙니다. 소수의 학생을 집중적으로 지도하며 강력한 동기부여를 하고 공부에 대한 열의를 심어주며 철저하게 변화시키고 제대로 가르치자는 철학입니다. 일종의 스승과 제자의 관계로 수능 공부뿐만 아니라 공부 자세까지 가르쳐왔습니다. 일부러 수포자 출신 위주로 지도를 합니다. 애초에 공부를 못하던 친구들을 대상으로 1년 안에 비약적으로 성적을 올리는 수업을 지향합니다. 일대일 지도와 멘토링으로 학생의 생각 수준을 높이고, 강력한 행동을 하게끔 동기를 유발하는 데 있어서는 제가 최고라고 자부합니다.

평범하게 보내면 1년은 짧은 시간이지만 각성자 공부법으로 공부를 하면 1년은 오히려 긴 시간입니다. 특히 수학 과목은 노베이스에서 1등급까지 받는 데 1년이면 충분합니다.

대신 두 가지가 전제되어야 합니다. 적합한 방법과 효율적인 전략이 첫 번째입니다. 두 번째는 극단적인 공부량을 가져가야 합니다. 몰입 모드에 빠져야 합니다. 늦게 시작한 만큼, 남들과 똑같이 경쟁해서는 안 됩니다. 상대평가 시험인 만큼 남들보다 더 치열하게 해야 합니다.

제가 안내하는 각성자 공부법은 1년 안의 폭발적 성적 향상을 추구합니다. 하고자 하는 목표의식과 적절한 환경 설계가 결합하면 남들이 이루기 힘든 일을 단기간에 성취할 수 있습니다. 늦게 시작해도 괜찮습니다. 3년 걸릴 공부를 1년 안에 압축적으로 끝낼 수 있습니다. 이전까지의 모든 것은 연습에 불과했습니다. 이 책에서 알려주는 방법과 과정을 충실히 실행한다면 6~8등급 노베이스 백지상태에서 시작해도 상위권 이상으로 갈 수 있습니다.

한번은 고2 때까지 주 3~4번씩 술을 먹으러 다니고, 오토바이 타고 다니면서 부모님 속을 썩인 예비 고3 학생을 맡게 된 적이 있습니다. 남들은 불량청소년에 한심하다고 생각했을지도 모릅니다. 부모님도 어느 정도 포기한 상태였습니다. 그런데 저는 그 학생을 만나서 다른 면을 발견할 수 있었습니다. 마음속 깊이 미래에 대해 불안해하며 변화를 갈구하는 바가 컸습니다. 방법을 모르니 그저 자기가 늘 살아왔던 방식 그대로 관성을 유지하고 있던 겁니다. 또한 부모님을 비롯한 주변에서 자신을 신뢰하지 않으니 청개구리 기질로 삐딱하게 살아가고 있더군요.

이런 학생조차 고3 올라가는 겨울방학에 180도 다르게 바꿔 놓았습니다. 그동안 어울리던 문제아 친구들과의 관계도 끊고 공부에만 온종일 매진하게 만들었습니다. "아직 늦지 않았다. 네가 원하는 삶을 이제라도 살 수 있다. 단 네가 노력을 해줘야 한다." 동시에 미래의 모습을 연상시키며 강력하게 동기부여를 하고, 자극을 줬습니다. 고2 때까지 주변 사람들과 불화를 일으키던 문제아 제자였습니다. 하지만 공부에 재미를 붙이고, 성장의 쾌감을 알게 되는 순간 주간 100시간을 채울 정도로 공부에 열정을 보였습니다.

이처럼 각성자 공부법은 폭발적 변화를 가능하게 합니다. 과거는 중요하지 않습니다. 강력한 실행을 통해 미래를 바꿀 수 있습니다. 수많은 학생들을 가르치며 증명해왔고 이를 본 출판사로부터 더 많은 학생들에게 공부 방법론과 동기부여에 대해 알려주는 게 어떠냐고 제안이 들어왔습니다. 그 순간 이제는 소수가 아니라 더 많은 학생들에게 공부에 대한 조언을 해야 할 때가 왔다고 느꼈습니다.

이 책에서 제시하는 대로 공부하면 놀라운 성과, 본인 스스로도 믿을 수 없는 결과를 만들 수 있습니다. 책을 읽고 직접 실천해본 후 더 궁금한 점이 있으면 언제든 제 블로그 〈매일매일 나는 나의 길을 간다〉를 찾아와 질문을 남겨주시면 답변을 드리겠습니다. 이미 많은 수험생들이 찾아와 질문을 하거나 공부법 칼럼을 읽고 갑니다. 여러분이 혁명적 변화에 의해 비약적 상승을 할 수 있게 피드백하며 도와주겠습니다.

PART 2

수포자에서
전교 1등이 된
나의 비결

청소년의 뜻도 몰랐던
고2 시절

너, 천진만만해 보인다

'청소년'이란 단어를 모르는 십 대가 있을까요? 청소년 시절을 살고 있는 십 대들이 모를 리 없겠죠. 그런데 저는 학창 시절 청소년이라는 어휘도 명확히 모를 정도로 공부에 관심이 없었습니다.

어느 날 수업 중에 한 제자가 재밌다며 이런 이야기를 해주더군요. 국가에서 시행하는 청년 정책을 보고 반 친구가 본인에게 불평불만을 토로했다고 합니다. 친구가 이건 차별 아니냐면서 왜 남자들에게만 지원을 해주냐고 말을 했대요. 그 친구는 소년/소녀의 구분처럼 청년이란 단어가 젊은 남자만 가리키는 용어인 줄 알았던 거죠. 청년은 남녀 아우르는 젊은 사람을 지칭하는 용어인데 말이죠. 제자는 다소 웃기다며 그 이야기를 전해줬지만 저는 가볍게 웃지를 못했어요. 왜냐하면 저도 유사한 경험이 있거든요.

고2 여름이었어요. 대학교 1학년이었던 누나와 중학교 2학년 동생과 함께 집에서 나란히 끝말잇기를 하고 있었어요.

"귀신"

"신청"

이제 제 차례가 되었습니다. 청으로 시작하는 단어가 뭐가 있더라 곰곰이 생각하다가 문득 한 단어가 떠올랐어요. 그리고 당당히 외쳤지요. "청소녀" 그랬더니 누나와 심지어 3살 어린 동생까지도 웃더군요. 저보고 틀렸다고 말을 하네요. 저는 소신껏 강력하게 주장했어요. "이건 말이 되는 단어야. 소년과 소녀 있잖아? 여기가 청을 붙이면 각각 청소년과 청소녀가 되는 거 아냐? 내 말이 맞아." 억지 주장이라기보다는 그때는 진짜 그런 줄로만 알았어요. 소년/소녀에 단순히 청을 붙이면 되는 줄 알았어요. 원래 무식하면 용감한 법이라 저는 계속 제가 옳다고 주장했죠.

제가 틀렸다는 것을 인정하지 않아서 결국 같이 인터넷 검색을 해 봤습니다. 없는 단어라는 것을 알고 놀랐습니다. 청소년은 일반적으로 10대 남녀를 모두 가리키는 용어인 것을 고2가 되어서야 알았습니다. 그때까지 청소년이 소년, 청소녀가 소녀인 줄로만 알았어요. 심지어 중2 동생도 알고 있던 것을 저는 몰랐죠.

이런 경험이 있었기 때문에 청년이란 단어가 성년 남성을 칭한다고 착각했던 학생의 경우를 충분히 이해할 수 있었어요. 물론 고3이 그랬다는 것은 어쩌면 심각한 일이겠네요. 그나마 저는 고2 때 실수했으니 조금 더 봐줄 만하죠?

공부를 안 하고, 국어에 관심이 없으면 생각보다 국어 어휘에 대해 많이 모를 수 있어요. 그리고 저와 비슷한 사례의 제자들을 보곤 해요. 가끔 수업을 하다 보면 제가 쓰는 어휘에 대해 물어보는 제자들이 있어요. 저는 이 정도는 알 거라고 생각해서 표현하지만 상대는 그 어휘를 몰라서 되물어보는 겁니다.

어느 날 가르치는 고3 학생에게 집에서 학원까지 편도로 얼마나 걸리냐고 물어본 적이 있습니다. 제자의 답변은 편도가 뭐냐는 질문이더군요. 그래서 왕복은 혹시 아느냐고 물어보니 "그것은 당연히 알아요."라는 답변이 뒤따랐어요. 그럼 왕복이 갔다가 돌아오는 거라면 편도는 가는 것 또는 오는 것처럼 일방향의 길이라고 답변해줬지요. 그제야 이해했다고 말하는 제자는 국어 성적이 다소 낮은 친구였어요. 국어 소양의 부족으로 보이지만 언어적 능력이 떨어져서 그렇다기보다는 단지 공부를 안 해서 국어 어휘력이 약한 겁니다. 즉 반대로 공부를 하면 앞으로 느는 거지요.

이 이야기는 제자가 예비 고3 겨울방학 때 있던 일입니다. 이렇게 어휘력이 빈곤했던 제자도 11개월 뒤인 수능 때 국어 1등급이 나오더군요. 참고로 고2 마지막 모의고사 국어 7등급, 고3 첫 3월 모의고사 국어 5등급이었던 학생입니다. 이렇게 성적은 마음먹고 제대로 공부하면 올라요. 현재 실력이 큰 문제가 되지 않아요. 문제는 학생 본인의 의지와 마음가짐입니다. 늘 느끼지만 학업은 동기와 의지가 늘 첫 번째 문제입니다. 하지만 많은 학생들은 자꾸 현재 실력과 과거에 흘려보냈던 시간에 얽매입니다. 내가 실력이 부족하거나 비록 늦게 시작했다 하더라도 앞으로 굵게 시작해서 역전하면 그만입니다.

저는 국어를 배우는 게 느린 사람이었어요. 초등학생 저학년 때는 학교를 핵교라고 발음해서 주변에서 야단을 받기도 했지요. 받아쓰기는 매번 꼴찌 하거나 짝꿍 것을 베껴 적었어요. 발음법도 잘 몰라서 고2 때까지는 한라산을 어떻게 발음하는지 몰랐어요. 한라산은 한국에서 제일 큰 산이고, 제주도에 있거든요. 저는 제주도 출신이기 때문에 십 대 시절에는 한라산을 말할 기회가 많았어요. 발음이 '할라산'이거든요? 그런데 저는 딱딱 끊어서 한.라.산 이렇게 발음했지요. 국어 발음법이 있는 줄 모르고, 글자 그대로 읽었어요.

고등학교 2학년 때는 순수해 보이는 친구에게 제 딴에는 고급 어휘를 쓴다고 이렇게 말을 던졌지요. "너 천진만만해 보인다." 친구가 웃으면서 정정을 해주더군요. "야, 그거 천진만만이 아니고 천진난만이야!" 순간 부끄러웠어요. 또 우유부단해 보이는 친구에게 "너 참 유유부단하네." 이렇게도 말하고요. 괜히 있는 척 말을 하다가 틀리는 경우가 종종 있었어요. 당시에 친구와 채팅할 때는 맞춤법도 정말 많이 틀렸죠. 지나고 보니 부끄러울 정도입니다.

이렇게 십 대 시절에 빈곤한 어휘력을 갖고 어휘 구사력이 낮은 학생이었던 제가 지금은 이렇게 글을 쓰고, 책을 내게 되었으니 신기하지 않나요?

19살 직전까지만 하더라도 저는 공부를 못했고, 앞으로도 공부를 잘할 수 있을 거라 스스로 기대를 안 했어요. 인생의 목록에는 애초에 '공부'라는 단어가 없었습니다. 살아가면서 공부를 할 일이 있을 거라고는 꿈도 못 꿨습니다. 그런데 신기하게 운명은 바뀌더군요. 전환의 순간이 찾아올 때가 있습니다. 각성을 했고, 그렇게 각성된 상태로 뒤늦게나마 치열하게 공부하니 저보다 일찍 공부를 시작하고 꾸준하게 해오던 많은 친구들의 성적을 불과 1년 만에 역전할 수 있었어요. 공부 기간이 아니라 '각성'이 중요하다는 사실을 깨닫게 되었습니다. 각성 자체는 한 인간을 180도 다르게 만들어주더군요. 나태한 인간을 치열하게, 태만하고 내면이 텅 비어있던 인간을 열정 있게 만드는 주는 것은 정신적 각성이었습니다.

한 인간의 변신은 가능하더군요. 소설『데미안』의 구절처럼 새롭게 태어나고자 하는 자는 하나의 세계를 파괴하지 않으면 안 되었습니다. 각성이란 내가 머물던 세계를 산산조각 내면서 그 알을 깨고 나오는 경험입니다. 그것은 창조적 파괴에 이은 새로운 변신이었습니다.

공부와 거리가 멀었던 십 대 시절

저는 공부와 거리가 멀었던 청소년 시기를 보냈습니다. 주변에 골칫거리였던 적이 많아요. 어릴 때부터 장난꾸러기였고, 사고뭉치였습니다. 주변의 말을 잘 안 듣던 고집불통의 아이였죠. 초등학교 2학년 때는 수업시간에 만화책『드래곤볼』을 몰래 보다가 들켜서 담임선생님이 제 면전에서 만화책을 갈기갈기 찢으셨던 기억이 있어요. 초등학생 3학년 때 국어 교과서에 이런 문제가 있었어요. 아이들이 어른들께 고개를 숙이면서 대화를 나누는 장면이었죠. 그때 목례를 하는 아이들 그림 옆에 빈 말풍선이 달려 있고, 거기에 적합한 대화를 채워 넣는 거였어요. 아마 정답에 해당하는 일반적인 대화는 "안녕하세요.", "안녕히 가세요.", "어서 오세요." 이런 대화일 겁니다.

저는 이렇게 작성했어요. "저기요, 똥 밟았어요." 나름 말이 되지 않나요? 똥 밟은 성인 어른의 발을 보면서 저런 말 좀 할 수 있지 않나요? 그런데 저는 교단 앞으로 불려가 담임선생님께 무진장 혼났어요. 솔직히 지금도 혼날 만한 상황인지 의문이긴 합니다.

교실 밖에서 공을 차다가 학교 유리창을 깨서 혼나기도 하고, 말썽꾸러기였어요. 가정 내에서는 부모님 말을 안 듣고, 학원을 보내면 제대로 가본 적이 없었습니다. 째는 재미가 있었죠.

중학교 때도 공부와 먼 이미지, 공부를 못하는 걸로 주변 친구에게 낙인찍혔습니다. 제가 수능 성적을 괜찮게 얻어서 첫 번째로 했던 과외 수업은 고등학교 후배였지요. 어느 날 후배이자 과외 제자인 학생의 수업을 가는데 그 동네에 살고 있는 중학교

동창과 마주쳤어요. 친하지 않은 친구라서 가볍게 인사 정도 하고 어디 가냐고 서로 형식적으로 물어봤지요. 저는 과외 하러 간다고 답변했어요. 그럼 성인인 마당에 일반적으로 제가 과외 선생님이라고 생각할 법한데, 그 친구는 내가 과외를 받는다고 착각을 했는지, 과외를 잘 받으라고 인사를 하면서 가더군요. 그럴 수밖에 없는 게 중학교 이후로는 교류가 없어서 그 친구는 중학교 때 공부를 못하던 제 모습만 기억하고 있거든요. 저는 열등생이니 제가 과외를 하거나 남을 가르칠 일은 절대 없으니 제가 받는 학생 측이라고 생각하는 거죠.

저는 여전히 공부를 못하는 학생으로 남을 수 있었지만 스스로 변화를 선택했어요. 과거는 중요하지 않아요. 사람마다 저마다의 때가 있어요. 늦은 시작은 없습니다. 만약 공부에 뜻이 생겼다면 지금 시작하세요. 여러분이 만약 최하위권이라고 하더라도 1년이면 충분히 상위권~최상위권으로 도약할 수 있어요. 이미 늦었다는, 시간이 부족하다는, 세상에서 심어준 고정관념에 넘어가지 마세요. 단지 부족한 것은 여러분의 집념입니다.

저는 게임에 미친 십 대를 보냈어요. 그때그때 유행하는 게임들이 있겠죠? 그 게임에 빠져 학교에서 제일 잘할 수 있을 때까지 게임에만 푹 빠졌어요. 중학생 때는 학교 가서 매일 친구들하고 게임 얘기만 했어요. 그리고 방과 후에 바로 피시방 가서 늦게까지 친구들하고 게임을 즐겼죠. 고등학교 올라가기 전인 중3 겨울방학 때는 남들은 고교 과정 선행을 위해 학원 많이 다니잖아요? 저는 그때 '바람의 나라'라는 온라인 게임에 미쳐서 서버 랭킹 50위 안에 들 정도로 열심히 했습니다. 같이 게임한 친구는 1위를 찍었죠. 중3 겨울방학 때 공부를 하나도 안 하고 고등학교에 들어갔습니다. 고등학교에 입학하니 특히 수학은 처음부터 이해가 하나도 안 되더군요. 알잖아요? 특히 수학은 흐름을 한번 놓치면 다른 과목에 비해 따라가기 힘든 것 말이죠. 바로 수포자가 되었습니다. 고3 직전까지는 수포자로 살았어요. 그리고 애초에 공부할 의욕도 없으니 수업 시간에는 친구들과 장난을 치거나 낮잠을 자거나 또는 교과서에 그림을 그리면서 시간을 보냈습니다.

놀며 서른 살까지만 살고 싶어요

고등학교 2학년 학기 초의 수업시간이었습니다. 선생님은 꿈에 대해 발표를 시켰어요. 반 친구들은 돌아가면서 저마다 본인이 하고자 하는 목표나 미래 설계에 대해 발표를 마쳤어요. 대부분은 하고 싶은 일이나 직업을 말하더군요. 크든 작든 다들

야무지게 본인의 목표가 있었지요. 그게 신기했어요.

곧 제 순서가 찾아왔습니다. 뭐라고 말을 할까. 과연 내가 이 세상에 바라는 게 무엇일까. 과연 나는 원하는 게 있는 걸까. 나 자신에게 기대하는 것은 무엇일까. 실은 말할 게 없었습니다. 저는 꿈이 없었습니다. 저는 무의욕 그 자체였습니다. 그 또래가 바랄 법한 이성친구 교제에도 관심이 없고, 돈이든 옷이든 여타의 물질에 대한 욕심 또한 없었습니다. 몇 년 안 남은 입시의 결과에 따른 보상인 대학 입학이나 그 이후의 단계인 취업이나 결혼 등등에 대해서도 전혀 계획도 없고 흥미도 없었어요. 삶의 의미를 모른 채 그냥 조용히 현재만 묵묵히 버틸 뿐이었어요. 그나마 게임이 저에게 유일한 즐거움이었습니다.

그래서 솔직하게 발표했습니다. "제 꿈은 없습니다. 서른 살 전까지만 사는 게 제 목표입니다." 주변에서 웃더군요. 당시 꿈은 없고 20대까지만 사는 게 제 목표였습니다. 당시 18살인 제 눈에는 30살 이후의 모습은 끔찍해 보였고, 그나마 20대까지는 놀면서 살 만한 시기라고 느꼈습니다. 그래요. 딱 10대와 20대까지만 젊음을 누리면서 놀다가 가자는 게 제 속마음이었습니다. 열심히 산다는 것이 이해가 안 되던 시기였습니다. 어른들을 볼 때마다 무슨 재미로 인생을 사는 걸까 이런 생각을 하곤 했어요. 공부를 열심히 하는 친구도, 열심히 자기 본업에 충실한 성인 어른들에 대해서도 이해하지 못하던 때였습니다. 그렇다고 한평생 백수로 놀 수 없으니 그냥 20대까지만 놀다가 세상을 떠나자는 게 당시의 심정이었습니다.

시간이 흘러, 고2 여름방학이 됐습니다. 이제 서서히 고3도 멀지 않았다는 자각 때문인지 친구들이 모여 나름 미래 진로에 대해 얘기한 적이 있어요. 친구 하나가 조용히 있던 제게 묻더군요. "야, 너는 나중에 뭘 하고 살래?" "나? 그냥 노가다 같은 막노동하면서 살아도 충분하지 않을까. 하루 일당으로 5만 원은 준다던데 그걸로 밥 먹고 게임 하면서 살면 돈도 부족하지 않을 것 같애." 재밌게도 제 친구는 나름 제 말에 수긍하더군요. 딱히 저는 미래에 대한 뚜렷한 계획과 비전이 없었어요. 아이러니하지 않나요? 별 볼 일 없는 청소년 시기를 살던 사람이 시간이 흘러 이렇게 청소년 대상의 책을 쓰고 있잖아요? 그리고 현재 가르치는 학생들에게 꿈을 가지라고 동기부여를 하는데 18살 시절까지의 제 모습을 돌이켜보면 참 낯설어 보여요. 그만큼 우리 인간은 모순으로 가득 차 있으며, 늘 일관적이지 않기 때문에 오히려 언제든 변화가 가능한 존재라고 생각합니다. 그건 여러분 또한 마찬가지입니다. 아무도 우리의 미래 모습을 단정할 수 없어요.

10대의 저는 삶이 무료하고, 인생에 대해 비관적인 청소년일 뿐이었어요. 의욕이 없는 청소년이었죠. 주변에 둘러보면 그런 친구가 있을지도 몰라요. 그리고 이 글을 읽는 독자 중에도 있을 겁니다. 저는 십 대 시절 자신만의 의지가 없어서 평상시에는 친구들이 하자는 대로 순순히 따랐어요. 친구들이 먹자는 걸 먹고, 보자는 것을 함께 보고 친구들이 가자는 곳을 함께 갔습니다. 누군가 부탁을 하면 거절을 못 하여 그 요청을 들어줬습니다. 제가 먼저 뭔가를 해 보자고 한 적이 없어요. 적극적이지 못했어요. 그뿐만 아니라 바라는 것조차 별로 없었어요. 본인만의 생각이 없으니 매번 끌려다닐 뿐이었어요. 남이 봤을 때는 착한 친구였을지도 모르겠네요. 그렇기 때문에 친구가 없지는 않았습니다.

　가족들이 저에게 원하는 것을 물어보면 대답은 매번 이랬어요. "몰라, 알아서 해." 친구들이 뭘 하고 싶냐고 물어보면 제 답변은 늘 이랬어요. "몰라, 네가 하고 싶은 것 하자." 이런 친구 주변에 있지 않나요? 다소 수동적이고, 본인만의 의사 표현도 없고 다른 친구들이 하자는 대로 하는 친구요. 늘 판단을 미루고, 선택을 남에게 양보했어요. 그리고 그렇게 쭉 무의미하게 인생을 살 줄로만 알았습니다. 그냥 태어났으니 살아갈 뿐, 무료한 삶이니 딱 서른 전까지만 살자고 결심을 했는지도 모르겠네요. 만족스러운 십 대를 보내지 못했어요. 지금도 생각해보면 그 점이 아쉬워요. 차라리 연애를 하고, 밖에서 신나게 뛰어 놀고, 무언가 취미 하나를 제대로 즐기든가 특기 하나를 계발했으면 모를까요. 의욕이 없던 제가 즐기던 것은 게임 하나뿐이었습니다. 그나마 게임이 해방구이자 살아있다는 실감을 하게 하는 도구였네요.

저는 자아가 없는 청소년이었어요. 그저 인생이 주어지니 살아가며 매 순간 현재만 살아갈 뿐이었죠. 제가 유일하게 빠져 살았던 대상은 게임이었습니다. 고등학교 시절에는 집에서 부모님 몰래 밤을 세워서 리니지라는 게임을 하고, 학교 와서는 점심시간 직전까지 엎드려서 내리 잤습니다.

제가 고1 때, 누나가 고3이었거든요. 누나 방에 책상과 그 옆에 pc가 놓여 있는 책상이 있었어요. 밤에 누나는 고3이라고 방에서 공부하는데 저는 그 옆에서 사운드를 시원하게 켜고 게임을 했습니다. 누나가 공부에 방해가 된다고 뭐라고 하면, 저는 신경질을 부리는 철없는 놈이었죠. 참 개념이 없는 동생이죠? 철없던 시절을 회고해보면, 누나에게 참 미안해요.

제가 고2 시절, 두 명의 누나는 모두 대학생이었어요. 누나들은 동생이 걱정되었는지 가끔 저를 앉혀 놓고 이런저런 이야기를 물었어요.

"이제 수능도 얼마 안 남았는데 공부는 안 할 거야?"

"어." 대답은 늘 짧았습니다.

이대로 가다가는 전문대를 가게 된다는 등등 잔소리가 시작되면 "몰라, 아무 데나 갈래." 하고 이야기를 끝마치고 도망갔어요. 이렇게 고2 때까지도 미래의 계획은 없었습니다.

제가 이렇게 제 과거 이야기를 늘어놓는 이유는 여러분이 저처럼 구경꾼과 방관자로 살기를 바라지 않기 때문이에요. 저는 구경꾼으로 18년간 살아왔어요. 게임을 제외하고는 스스로 진정으로 바라던 바를 추구하지도 않고 줏대 없이 남의 의사를 좇아갈 뿐이었어요. 주체성도 없던 놈이 공부를 열심히 하는 친구를 보면 속으로 얕잡아봤습니다. 왜냐하면 하기 싫어하는 공부를 부모님이 시키니 억지로 한다고 생각했던 거죠. 그런데 막상 제가 공부를 해 보니 아니더군요. 오히려 공부가 제 주체성을 키워주고, 저만의 생각을 무르익게 만들어 주는 도구였던 겁니다. 이제는 게임이 아니라 공부를 통해 제 삶을 실감할 차례였습니다.

고시원에서 두 달간의
각성 모드

사람이 바뀌고 성장하는 건 한순간이더군요. 19살 되는 시점부터 공부에 정진하니 사람이 바뀌고 사고의 수준과 어휘의 결도 달라졌습니다. 대학을 가니 선배들이 칭찬을 많이 할 정도로 나름 박학다식해지고, 어릴 때부터 알던 사람들은 "너 왜 이렇게 달라졌냐."며 놀라워하더군요. 제 가족들도 제 십 대 시절을 회상해봤을 때 변화 전후의 차이를 참 신기해합니다. 솔직히 저 자신도 스스로를 돌이켜 보면 놀랍긴 합니다. 19살 이전과 이후의 나는 왜 그렇게 다를까 스스로 반문해볼 때도 있습니다.

저는 국어도 못했지만 수학은 더 못한 성적이었고, 외국어인 영어는 그것보다 더 못했습니다. 무엇보다 공부에 의욕이 없다는 것이 더 큰 문제였죠. 고등학생 2학년 마지막 모의고사는 12월에 봤었습니다. 당시 수학이 30점, 영어가 28점이었어요. 이 정도면 여러분과 비교해 어떤가요? 최소한 당시의 저와 비슷하거나 더 높은 성적일 거라고 생각합니다. 성적이 개판이어도 딱히 공부를 시작할 생각도, 미래에 대한 걱정도 없었습니다. 아마 지금도 많은 청소년들이 저와 비슷하게, 미래는 안중에도 없이 현재만 살고 있을 겁니다. 개중에 몇몇은 저처럼 뒤늦게나마 철이 들어 공부를 해야겠다고 결심을 할 겁니다.

제 청소년 시절을 회고해봤을 때 여전히 신기한 점이 두 가지가 있습니다.

첫째, 왜 갑자기 나는 관심이 없던 공부를 하기로 결심을 했을까?

둘째, 어떻게 11개월 공부로 꼴찌 수준에서 1등까지 올라갈 수 있었을까?

고작 1년이란 시간이었습니다. 1년은 수포자가 수학 만점을 받고, 한때 모의고사에서 뒤에서 전교 20등을 했던 수준에서 교내 수능 1등까지 올라가는 데 필요한 시간입니다. 각성이 강력한 비결입니다.

갑자기 공부가 하고 싶어졌다

저는 농어촌에 살고 있었어요. 어디냐 하면 한반도 최남단입니다. 그냥 제주도도 아니고 제주도 가장 남쪽 끄트머리에 있는 작은 어촌이었어요. 제주도에서도 변두리인 한 바닷가에서 태어났습니다. 물이 인접하다 보니 어릴 때는 바다와 천에서 뛰어놀곤 했습니다. 중1 때까지는 원시인처럼 홀딱 다 벗고 물에서 헤엄치곤 했는데 지나가던 관광객이나 주민들이 그걸 구경해도 부끄럽지도 않아 했어요. 아버지는 여름에는 어부였고, 겨울에는 농부이신 분이었죠. 아들인 저는 아버지의 일을 많이 도와드렸어요. 여름에는 어업에 필요한 장비를 만드는 데 제 일손이 필요했고, 겨울에는 밭에 가서 귤을 따고, 그 귤이 담긴 콘테나를 날랐지요. 초등학생 때부터 고등학생 때까지 여름방학에는 어부의 조수가 되었고, 겨울에는 저 또한 농부가 되었습니다.

여러분은 혹시 경운기라는 것을 본 적이 있나요? 아마 대부분 실제로 본 적이 없을 것 같아요. 궁금하면 어떻게 생겼는지 검색해보세요. 요새는 트럭을 많이 이용하지만 옛날 농촌에서는 경운기를 많이 사용했어요. 고2 가을에 동네에서 경운기를 모는 이십 대 초반의 형을 본 적이 있어요. 막연하게 저는 그 모습을 보고 제 미래를 직감했습니다. 그리고 그렇게 살기 싫다는 부정이 생겼습니다. 마음 안에 뭔가 꿈틀대기 시작했어요. 그것은 제가 살고 있는 좁은 세상을 떠나고 싶다는 욕망이었습니다. 처음으로 그런 마음을 알게 되었습니다.

이윽고 1년 선배들의 수능 날이 되었습니다. 그날은 수능 수험생을 제외한 학생들에게는 공휴일입니다. 제 친구들은 공부하는 애들이 없어서 그날 놀러 가거나 집에서 쉬더군요. 저는 그날 밭으로 나가 일을 했습니다. 아직도 그날이 생생하게 기억나요. 저는 귤밭에서 아버지가 시킨 대로 농약을 제조하고 있었어요. 큰 통에 농약을 한가득 넣고 나무토막을 이용해 꽤 오랫동안 휘젓고 있어야 하거든요. 그 무료한 시간에 여러 생각에 잠겼어요.

수능 당일이다 보니, 나도 일 년 뒤면 수능을 보게 되리라는 사실을 비로소 체감하게 되더군요. 마침 1살 많은 사촌 누나가 수능을 보던 날입니다. 4년 전에 큰누나가 수능을 마치고 돌아온 뒤 울었던 모습이 생각났어요. 2년 전에는 작은누나가 수능을 봤죠. 그때까지는 공부에 관심도 없고, 입시의 중요성도 모르니 누나들이 왜 우는지 잘 이해가 안 됐습니다. 그런데 수능이 1년 남은 시점에는 왠지 모르게 이제 공부를 해야 할 것 같다는 자각이 절로 들더군요.

우습게도, 전날까지는 수능에 대한 생각과 고민은 전혀 없었어요. 그런데 단 하루 만에 생각이 바뀌더군요. 살면서 예기치 못하게 그런 전환의 순간이 찾아온다고 해요. 이런 생각이 들더군요. 나는 계속 시골에 살면서 앞으로도 어부 또는 농부의 삶을 살아야 할 것인가라는 의문과 함께 갑자기 공부를 하고 싶다는 욕망이 들었습니다. 다른 특별한 재능이 없는 나로서는, 인생을 바꾸는 방법은 공부밖에 없지 않을까 하는 생각이 들었습니다. 게임을 좋아해서 한때는 프로게이머가 되고 싶은 적도 있었지만 그럴 실력까지는 못 됐습니다. 그 외 다른 뚜렷한 재능이 없으니 그나마 삶을 바꾸거나 개척하기 위해서, 내가 살고 있는 곳을 떠나 더 넓은 곳으로 가기 위해서는 공부밖에 없겠다는 생각이 들었습니다. 즉 공부를 잘해서 좋은 대학에 가면 인생이 바뀌지 않을까 하는 결론까지 금세 도달했어요. 밭에서 일하는 게 지긋지긋했어요. 특히 몸 쓰는 일은 어릴 때부터 해와서 더 이상 하기 싫을 정도였어요. 그러면 머리 쓰는 일을 해야 하니 공부를 하기로 처음으로 마음먹었어요. 그때가 바로 1년 선배의 수능 날이었습니다. 갑자기 공부가 하고 싶어졌어요.

여러분도 아시겠지만 마음먹는다고 바로 변하지는 않잖아요? 저도 그랬어요. 11월 중순에 결심을 했지만 일부러 시작을 미뤘어요. 다음 해 1월이 되자마자 공부하기로 계획하고 연말까지는 실컷 놀았습니다. 그래도 그게 어디에요? 애초에 공부할 생각도 없었는데 처음으로 공부할 마음을 가졌으니 말이죠.

고3 때 처음 공부를 시작하면서 수능을 가르쳐주는 학원을 주변에 알아봤거든요. 놀랍게도 제가 살던 서귀포시에서는 고1~고2 내신학원은 있었지만 수능을 지도하는 학원은 단 한 군데도 없더군요. '시'라는 나름 큰 행정구역에 수능 과목을 가르쳐주는 학원이 없다는 게 말이 되나요? 즉 고3이 수능 공부를 하려면 자연스레 혼자 할 수밖에 없는 곳에서 살고 있었어요. 제가 다니던 고등학교는 매년 서울대에 한 명씩은 보냈어요. 지금 돌이켜 보니 사교육이 없는 지역치고는 괜찮은 성과였던 것 같습니다. 저 또한 아이러니하게 독학했던 게 공부를 터득하는 데 큰 도움이 되었어요.

결국 공부는 자기주도학습이 중요합니다. 아이들을 가르치면서도 이 점을 강조합니다. 저는 공부법과 공부 자세를 알려주는 안내자일 뿐이며 그것을 실행하는 것은 학생 본인입니다. 저는 공부 시스템적으로 열악한 시골에 살았어요. 많은 분들이 공부에 관해 환경의 중요성을 강조하지만, 충분히 본인이 의욕을 낸다면 어떻게든 공부를 잘할 수 있어요. 특히 요즘은 인터넷 강의가 잘 갖춰져 있고, 시중에 좋은 교재도 많기 때문에 꼭 대치동 같은 유명학원가를 다녀야만 좋은 성과를 만들 수 있는 게 아닙니다. 저는 대치동 키즈 또한 많이 지도해왔습니다. 부모님의 교육열이 높고, 아이까지 똑똑한 경우도 많이 봤습니다. 하지만 학원을 이리저리 많이 다니더라도 본인의 의욕과 동기가 없으면 무의미하더군요. 환경과 학업 분위기도 공부하는 데 큰 도움이 될 수 있지만 그것보다 선행되어야 할 것은 개인의 의욕이고, 환경조차 뛰어넘을 수 있는 것은 개인의 의지입니다.

서울대 합격 수기에서 공부법을 찾아내다

공부하겠다는 결심이 생기자 이대로 있으면 안 되겠다는 위기의식을 느꼈죠. 제가 살고 있는 곳을 벗어나고 싶었어요. 시골을 벗어나 더 큰 세계로 향하고 싶은 욕망이 생겼어요. 그런데 공부를 해 본 적이 없으니 참 막연했습니다. 우선 고2 때까지는 그냥 살던 대로 살다가 겨울방학 때부터 공부하기로 대충 생각을 해뒀어요. 고2 12월에 마지막 모의고사가 있었어요. 수학은 30점, 영어는 28점이 나오더군요.

저는 고3 올라가는 해가 되자마자 1월 1일부터 공부를 시작했어요. 전날인 12월 31일까지는 기념으로 놀았어요. 정말 놀 만큼 실컷 놀았어요. 오토바이 모는 친구 뒤에 타고 다니다가 경찰에게 잡혀서 파출소에도 다녀온 적이 있어요. 훈방 조치로 끝났습니다. 고2 여름방학 때는 의무적인 보충수업을 빠지고 친구들끼리 자전거 하이킹 여행을 2박 3일 다녀왔어요. 그래도 이건 좋은 추억입니다. 고2 때까지는 노느라 철없이 살았습니다.

하지만 이제는 변화의 시점이 찾아왔습니다. 더 이상 미룰 수 없어서 서서히 겨울방학 때 어디서 공부를 해야 할지 알아봤어요. 공부를 하려면 친구들과 멀어져야 한다는 것쯤은 공부를 안 하던 저도 알겠더군요. 혼자 고독하게 공부할 수 있는 곳을 찾으려 했습니다. 스파르타식 기숙학원에 가고 싶었는데 가정 형편상 갈 수가 없었어요. 제가 사는 곳 주변에 절이 있고 어머니가 그곳을 다녔거든요. 그래서 처음에는 어머니를 통해서 겨울방학만이라도 그 절에 들어가서 공부할 계획을 세웠어요. 다행히 절에서는 승낙을 했는데 일상생활을 어느 정도 스님들처럼 해야 한다는 조건이었어요. 아침에 일어나서 마당 쓸고 식사도 채식으로 간단히 먹고요. 막상 그런 얘기를 들으니 끌리지 않더군요.

그때 마침 친한 친구가 이런 권유를 했습니다. "우리 형이 지금 노량진 고시원에서 경찰 시험 준비를 하고 있는데 이번 겨울 방학에 그 고시원에 가서 같이 공부할래?"

공부를 저보다 더 잘하는 친구였어요. 절에 들어가는 것보다는 서울 고시원이 낫겠다 싶어서 부모님을 졸랐어요. 가면 정말 열심히 하겠다고 설득을 꽤나 했지요. 학원을 다니는 게 아니라 단지 고시원에만 틀어박혀 공부를 할 계획이기 때문에 학업 비용은 많이 들지 않을 예정이지만 아무래도 그 금액도 넉넉하지 않은 집안 사정으로는 부담이 되긴 했습니다. 겨울 보충수업을 빠지고 서울 올라가서 공부를 하고 돌아오겠다는 계획을 들은 학교 선생님은 부모님께 반대를 전했다고 합니다. 분명히 서울 올라가서 공부는 안 하고, 친구랑 놀다가 올 거라고 단정했습니다. 그렇게 되니 저는 오히려 증명을 하고 싶었습니다. 결국 승낙을 받고 노량진 고시원에 입성했습니다.

인근 입시학원을 안 다니고 친구와 함께 노량진 고시원에만 틀어박혀 공부만 했습니다. 공부 노하우와 공부법은 전무한 채로 무작정 시작했어요. 처음에 무슨 책을 봐야 될지 몰라 같이 간 친구가 보는 교재를 따라 사서, 그 친구가 하는 방법을 따라 했습니다. 그걸로는 성이 안 차서 공부 수험 사이트에 들어가 서울대 합격 수기를 여러 종류 읽었어요. 합격기와 공부법 칼럼을 보니 대충 감이 잡히더군요. 거기서 권하는 책을 따로 더 구입했습니다. 공부의 원칙은 단순하더군요. 우선 많은 공부량은 필수이고, 기본서와 기출 교재의 오답 정리 및 반복이 중요하다는 사실을 수능 합격기를 통해 알게 되었습니다. 자극을 받을 겸 서울대도 다녀왔습니다. 거기에 있던 당시 대학생 형 누나들은 다른 세상에 살고 있는 사람들로 보이더군요. 신기한 게 공부하기로 마음먹지 않을 때는 명문대생을 봐도 별 감흥이 없었습니다. 철없는 마음에 속으로 모범생들은 어른들 말 잘 듣는 심심한 존재라고 얕잡아볼 때도 있었습니다. 그런데 이제 공부를 막 시작하니 공부 잘하는 사람들이 부럽고, 명문대생들이 대단해 보이기 시작했습니다.

19살 1월부터 과거의 나를 버리고 각성자가 되었습니다. 이대로 살면 안 되겠다는 위기의식과 내 인생을 스스로 개척해보겠다는 적극적인 마인드가 결합하여 누가 시키지 않더라도 자발적으로 하루 종일 공부했습니다.

하루 16시간, 가장 몰입하며 공부했던 두 달

고시원 내에서의 생활은 단순했습니다. 새벽 1시까지 공부를 하다가 아침 6시 반쯤에 일어났습니다. 그리고 7시에 고시원

주방에서 식사를 했어요. 공무원 공부하는 친구의 형과 그 동료 분들이 요리를 하고, 같이 식사를 마친 뒤 막내인 저와 친구가 뒷정리를 하고 설거지를 했어요. 형들이 요리를 해준 덕분에 시간도 벌 수 있었습니다. 식사하면서 이십 대 중반이었던 형들이 이런저런 인생 조언을 해줬습니다.

이런 단체생활 방식으로 하루 3끼를 해결했어요. 식사 시간 외에는 종일 공부만 했어요. 수포자, 영포자이기 때문에 공부는 수학과 영어 위주로만 했어요. 국어와 탐구도 일정하게 조금씩 했어요. 특히 영어를 많이 못해서 영단어는 매일 100개씩 꾸준히 외웠습니다. 수포자 입장에서는 개념을 아예 모르니 기초 인강을 들으면서 기본기를 쌓는 게 정상일 텐데 당시에는 혼자 두꺼운 수학의 정석을 보며 끙끙 고민했습니다. 한 번 보고도 모르는 게 대부분이니 자연스레 반복할 수밖에 없고, 왜 이렇게 될까 고민을 많이 하다 보니 시간이 한참 걸릴 수밖에 없었어요. 공부량에 비해 시간이 많이 걸려서 다소 비효율적이었습니다. 하지만 결과적으로 스스로 깨우치는 만큼, 점점 사고력이 좋아져 갔습니다. 개념 공부는 끈기 있게 고민을 했고, 한 단원이 끝날 때마다 관련된 부분을 수학 문제집을 통해 문제 풀이를 했어요. 여기서 막히는 문제는 해설 없이 스스로 고민하는 게 아니라 오히려 해설지를 보고 왜 이렇게 푸는 걸까 궁리했습니다.

영어는 하루 영단어 100개씩 외우고, 수능 기출 지문을 통해 공부했습니다. 실력이 떨어져 독해가 잘 안 되기 때문에 일부러 해설지를 참고해가면서 해석을 한 뒤, 감을 잡고 반복해서 읽었습니다. 그리고 수첩에다가 시간대별로 공부한 내역을 기록했습니다.

좁은 고시원에서 계속 공부를 하다 보면 대낮에 졸릴 때가 찾아와요. 처음에는 세수로 잠을 깨려고 했는데 효과가 없었어요. 이것저것 시도해 보다가 결국 방법을 찾았습니다. 1, 2월 한겨울에 가장 차가운 물로 냉수욕을 하니 잠이 팍 달아나더군요. 여러분도 혹시 집에서 공부를 하다가 잠을 깨고 정신을 각성하고 싶으면 냉수욕을 해 보세요. 차가운 감각의 고통과 함께 정신이 깨면서 왠지 모를 쾌감을 동시에 느낄 수 있어요. 노량진 고시원에서 두 달가량 생활하면서 외출을 4번 정도 했어요. 한 번은 광화문 교보문고에 가고, 다른 한번은 친구와 목욕탕에 갔습니다. 동기부여를 위해 서울대도 탐방 가봤습니다. 마지막 외출은 제주도 내려가기 직전에 기념으로 롯데월드도 갔지만 생각보다 가격이 비싸서 매표소까지 들렀다가 표는 안 사고 고시원으로 되돌아왔습니다.

두 달간의 고시원 생활은 공부 습관을 만드는 데 완벽했습니다. 처음 공부를 시작할 때는 환경이 중요합니다. 티브이도, 컴퓨터도, 핸드폰도 없이 공부만 해야 하는 고시원에서 종일 있다 보니 자연스레 공부만 하게 되더군요. 해야만 하는 상황을, 할 수밖에 없는 환경을 만들어야 합니다. 그리고 주변 동료도 도움이 됐습니다. 친구와 서로 으쌰 으쌰 하며 공부했습니다. 가령 화장실을 가다가 서로의 방을 훔쳐보는데 상대가 멍 때리거나 졸고 있으면 뒤통수를 한 대 갈기고 갔습니다. 공부 시간에 침대에 누워있으면 잡아당겨서 바닥으로 떨궈서 깨웠습니다. 고시원으로 떠나기 전, 학교 선생님은 우리가 공부 핑계로 서울에서 놀다가 올 거라고 예측했지만 우리는 오히려 치열하게 살고 돌아왔어요. 친구와 같이 있다고 놀거나 해이해지는 게 아니라 공부에 대해 서로 지원해줬습니다. 고시원에서 공부하는 습관을 키우고 돌아오니 공부에 대한 자신감이 생겼습니다. 오히려 단체 생활로 공부를 하니 혼자 해이해질 겨를도 없었습니다. 특히 형들이 아침에 밥 먹으라고 깨워주니 늦잠도 자 본 적이 없어요.

두 달간 고시원에서 온종일 공부하니, 저처럼 백지상태이고 노베이스인 사람도 공부에 익숙해지고 오래 앉아 있는 게 적응되더군요. 공부는 엉덩이 싸움입니다. 공부의 질이 어떻든 처음에는 책상 앞에 앉아 있는 게 몸에 배어야 해요. 공부를 하든,

앉아서 멍 때리든 우선 의자에 앉아 있는 습관을 키워보세요. 물론 집중 대상을 점차 공부로 늘려 나가야 합니다. 저는 노량진 고시원에서 하루 평균 5~6시간 자면서 공부는 평균 16시간 정도 했어요. 이동을 안 하고, 외출을 안 하고 실내에서 공부하고 밥 먹고 씻고 잠을 자니 순공 시간 자체는 많이 나오더군요. 그리고 낮에 졸릴 타이밍에 일부러 냉수욕을 하는 것을 제외하고는 공부에 몰입하며 시간을 보냈습니다. 살면서 인생에서 가장 몰입하며 보냈던 두 달입니다.

좁은 고시원의 단칸방은 매일매일 제게 지적 성장과 정신적 자유를 줬습니다. 이렇게 온종일 공부 모드로 두 달간 지내니 뇌부터 몸 구석구석까지 공부에 적응한 듯합니다. 겨울방학을 마치고, 개학 이후 학교에 돌아오니 예전의 내가 아니었습니다. 학교에 돌아오자마자 모든 수업시간과 쉬는 시간을 활용하면서 공부만 했어요. 많은 선생님들이 대견스럽게 여기고 다른 반까지 가서 저의 노력을 칭찬할 정도로 공부에만 몰입했습니다. 그런데 생각보다 힘들지 않더군요. 중간에 쪽잠을 자는 것 외에는 딴짓도 안 하고 종일 공부만 하는데 어떻게 안 힘들 수 있죠? 그 무서운 힘은 바로 각성과 행동에 따른 자동적인 습관에서 나오는 거예요.

고시원에서의 두 달 생활이 저를 완벽하게 공부와 일체화시

컸습니다. 처음 한두 달에만 강력한 의지와 그것을 지속시키는 데 도움 될 수 있는 환경이 필요하더군요. 하지만 몸에 체화되는 순간, 그때는 환경을 뛰어넘게 됩니다. 의지의 힘을 초반만큼 크게 발휘하지 않아도 돼요. 몸과 정신 모두 공부 모드에 적응했으니 말이죠. 즉 초반의 한 달, 두 달만 어떻게든 악착같이 버티면 됩니다. 각성의 힘으로 초반을 버텨보세요, 꾸준한 양으로 완벽한 습관을 만들어야 합니다. 자동화가 된 습관 덕분에 공부가 더욱 쉬워집니다. 여기에 성적이 오르기 시작하면 공부의 짜릿한 재미를 느낄 수 있어요. 이 순간부터 공부라는 행위는 중독적으로, 자발적으로 하게 됩니다.

11개월 만에 전교 1등으로
졸업생 대표가 되다

하위권의 반란, 두 달 만에 110점 올리기

1~2월을 고시원에서 폐관 수련을 했습니다. 득도까지는 아니지만 공부에 대한 감을 잡았어요. 스스로 선택한 공부, 능동적이고 자기주도적인 공부를 하다 보니 공부할 때 잡념은 별로 없었어요. 집중으로 알찬 시간을 보내고 돌아왔어요. 두 달간 수업 들은 것 없이 오로지 순수 독학만 했습니다. 그리고 3월 개학 이후 첫 모의고사를 봤습니다. 어땠을까요? 놀랍게도 두

달 만에 총점이 110여 점 올랐습니다. 특히 밑바닥이었던 수학과 영어 점수가 많이 상승했습니다. 많이 투자한 과목일수록 많이 오르더군요. 지방 사립대와 전문대를 갈 점수에서 당장 인서울 대학을 노려볼 수 있는 점수가 나왔습니다. 나름 두 달 만의 쾌거였습니다. 기분이 좋더군요. 아, 미친 듯이 공부만 하는 모드에 빠져들면 성적은 급상승할 수밖에 없구나.

게임하고 다를 바가 없었어요. 게임도 남들만큼 적당히 하면 즐기는 정도에 불과하고 실력이 그렇게 늘지 않거든요? 그런데 저는 게임에 빠져들면 미친 듯이 종일 했습니다. 심하면 하루 15~18시간씩 한 것 같아요. 그러면 게임 실력도 상당히 빨리 늘어요. 즉 극단적인 양이 실력을 만들어 내는 겁니다. 타고난 재능이 있는 게 아니면 이런 극단적인 노력으로 단기간에 실력을 키울 수 있어요. 제가 좋아하던 게임을 통해 간접적으로 느꼈던 것을 공부에 대입해보니 향상하는 방식이 다를 게 없더군요.

게임을 잘하려면 첫째 손놀림이 빠르거나 상황에 대한 판단력과 순발력이 좋아야 해요. 공부로 치자면 공부에 대한 재능과 머리입니다. 저는 손놀림이 느리고, 순발력도 좋은 편이 아니었어요. 그래서 처음에 친구들과 게임을 같이 시작하면 제가 매일 지고, 배우는 게 느려요. 그런데 막대한 양을 통한 경험치와 고수들 플레이 전략에 대한 연구로 부족한 부분을 채웠습니다. 그러면 게임에 대한 감각이 좋지만 따로 연구를 더 하지 않은 친구 정도는 무난하게 이기더군요. 처음에는 제가 졌지만 노력으로 능력의 차이를 극복할 수 있더군요.

공부 또한 마찬가지입니다. 공부에도 압도적인 양을 쏟아부으면서 체계적인 전략과 효율적인 공부법과 결합되면 단기적으로도 놀라운 성취를 하더군요. 설마 게임과 공부만 이럴까요? 대부분의 분야가 이와 같다는 사실은 살면서 깨닫게 되었습니다. 시작이 늦어도, 재능이 부족해도 압도적인 양과 효율적인 방법이 결합하면 각 분야의 최상위권이 될 수 있습니다.

3월에 연달아 사설 모의고사와 교육청 모의고사를 봤습니다. 앞서 말한 첫 번째 시험은 110점이 올랐지만 두 번째 시험은 지난번 오른 점수에서 오히려 40점이 떨어졌어요. 첫 시험은 운이 좋았다면 두 번째 시험은 실수를 많이 했더군요. 놀랐습니다. 처음 겪어보는 하락이니 말이죠. 이런 경험을 통해 점수라는 것은 상당히 가변적이고 상황에 따라 롤러코스터를 타듯이 요동을 칠 수 있다는 사실을 배우게 되었어요.

300일의 등교 시간 20분, 현대시 600편 마스터

개학 이후 고3 생활은 이랬습니다. 하루에 15~18시간씩 공부했어요. 제 생일 포함한 5번 정도 빼고는 매일 지켰어요. 우선 새벽 1시 반쯤에 자고 아침 6시에 기상했죠. 식사를 5분 내로 빠르게 마치고, 바로 학교에 갈 준비를 했어요. 학교행 버스를 기다리면서 영어 단어를 적어놓은 수첩을 꺼내 외우거나 국어 어법이 요약된 포켓북을 봤어요. 5분 정도 기다리면 버스가 옵니다. 그 버스를 탔을 때 두 가지 상황이 존재해요. 운 좋게 좌석이 있는 경우, 편하게 자리에 앉아 학교로 향하는 20분간 현대시 문학 작품집을 꺼내 감상했어요. 현대시 2개 정도 감상할 수 있는 시간이었죠. 처음만 불편했고 익숙해지니 멀미를 안하게 되더군요. 300일만 이렇게 등교 자투리 시간을 아껴도 무려 현대시 600편을 감상할 수 있는 시간이 나와요. 그런데 버스에 좌석이 없는 경우에는 한 손으로 손잡이를 잡고, 다른 한 손으로 영단어 수첩을 꺼내 마저 외웠어요. 불편한 자세이긴 하지만 할 만해요. 매번 버스에서 그렇게 하는 학생은 저밖에 없더군요. 이렇게 할 수밖에 없던 이유는 제가 늦게 공부를 시작했기 때문입니다. 절박하게 깨어있는 모든 시간을 활용했어요.

3월부터 11월까지 버스 안의 시간을 허투루 보낸 적이 단 한 번도 없어요. 앉아서 졸지도 않고 멍 때린 적도 없어요. 그냥 루틴이에요. 습관이 되면 관성대로 그냥 하게 돼요. 처음만 잘 넘어서면 어려울 게 없어요. 학교 친구와 버스에서 마주쳐도 인사 없이 공부에만 매진했죠,

버스에서 내린 후 학교까지 7, 8분 정도를 걸어가야 했어요. 그 시간도 제게는 매우 아까웠어요. 곁에 친구들이 서로 잡담하면서 등교를 하든가 앞만 보며 조용히 학교로 걸어갈 때, 저는 고개를 숙인 채 영단어 수첩을 훑어보며 갔습니다. 1월부터 11월까지 영단어를 만 개 이상 외웠을 거예요. 비결 중 하나는 이렇게 자투리 시간을 잘 활용했다는 겁니다. 학교에 도착한 후, 현대시 작품집을 먼저 읽었어요. 버스에서 2작품을 봤으면 마저 1작품을 읽고, 좌석에 앉지 못해서 대신 영단어를 외우면서 현대시를 보지 못한 경우에는 3작품을 감상했어요. 루틴대로 공부했죠. 학교 오자마자 뭘 공부할까 고민하고 있으면 안 돼요. 순서와 계획이 미리 정해져 있어야 고민하는 에너지 자체를 줄일 수 있어요.

모든 쉬는 시간을 가용했습니다. 점심시간까지 포함해서 깨어있는 시간을 모두 공부에 투입했습니다. 대신 일부러 주기적으로 낮잠을 잤어요. 하루에 3번 정도 쪽잠을 잤어요. 10~15분 정도로 나눠서 두뇌에 피로가 쌓일 때마다 쉬는 시간에 잤습니

다. 그렇게 조금이나마 자고 일어나면 머리가 개운해져요. 상태를 회복하고 다시 공부하다가 피곤할 타이밍에 다시 토막잠을 통해 휴식을 취하면 됩니다. 집중력이 떨어질 때는 가장 공부하기 만만한 영단어를 외웠어요.

이렇게 순수 공부 시간은 매일 15시간 정도 이상 나왔어요. 남들은 고3이어도 친한 친구와 수다를 종종 떨면서 스트레스를 풀곤 할 겁니다. 그런데 저는 고3 때 가장 친한, 고시원도 같이 다녀온 베프와도 수능 끝날 때까지 말 열 마디도 나누지 않았어요. 3월부터 수능 때까지 8개월 동안 말이죠. 어떻게 이게 가능할까요? 그냥 자기 할 공부 바빠서 거기에만 집중하다 보니 서로 이야기를 안 하게 되더군요. 당시 제 짝꿍과 수능 끝나기 전까지 거의 대화를 못 나눠봤습니다. 공부 주제로는 남과 대화하긴 했어요. 모르는 문제는 공부 잘하는 친구에게 물어보고, 학교 선생님에게도 여쭤봤거든요. 반대로 추후에 공부를 잘하게 되니 다른 반에서도 제게 찾아와서 문제를 물어보더군요. 그와 같은 경우에는 제가 풀이를 설명해줬습니다. 하지만 사적인 잡담은 나누지 않았어요. 그만큼 공부에만 미친 듯이 몰입해서 살았어요. 이렇게 열심히 했던 이유는 공부가 내 인생의 구세주라고 믿었기 때문입니다.

힘들어 보이죠? 그런데 습관이 되고, 루틴이 되면 이 모든 게 가능합니다. 절박성이 중요합니다. 내가 얼마나 대학을 가고 싶은지, 얼마나 공부를 통해 인생을 바꾸고 싶은지 그 간절함이 원동력이 됩니다. 저처럼 고3 생활을 하라고 제 경험담을 늘어놓는 게 아니에요. 구체적인 방법이야 사람마다 다를 수 있지만 간절하고 절박하게, 미친 듯이 1년을 보내면 많은 변화가 있다는 것을 알려주고 싶어 얘기한 겁니다. 공부와 거리가 멀고, 공부에 관심이 없던 사람도 마음먹으면 기존의 모범생보다 더 독하게 공부할 수 있어요. 그리고 더 좋은 성적을 만들어낼 수 있어요. 역전이 가능합니다.

학기 초 3월에 아직까지 친구들 제안을 거절 못 하는 습성이 남아 있었는지 한번은 하교한 후 친구들 따라 노래방을 간 적이 있어요. 친구들은 돌아가면서 노래를 불렀지만 저는 어두운 방 구석 소파에 혼자 앉아 영단어를 외웠죠. 그 이후부터 분위기를 깬다고 친구들이 노래방 가자며 꼬드기지 않았어요. 저는 오히려 이게 편했습니다. 고3 때는 공부가 제 동반자이자 벗이자 미래였어요. 그래서 공부를 하면서 외로운 적이 거의 없었습니다. 백지에서 공부를 하니 모든 게 새롭고, 신선했습니다. 공부를 하면서 지능이 올라가는 듯한 느낌을 직접적으로 받았어요. 백지상태의 두뇌에 이것저것 새겨나가는 재미가 있는 셈이죠.

원래 저는 언어 구사력이 상당히 떨어지는 학생이었어요. 앞에서 말한 스토리처럼 3살 어린 여동생과 끝말잇기를 해서 질 정도였으니 말이죠. 그랬던 저도 국어 공부를 하다 보니 언어 측면으로 아는 게 많이 늘고 점점 독해력도 신장되어 갔어요. 백지의 도화지에 하나씩 풍경을 입혀 나가는 게 색다른 재미였 습니다. 그전까지 게임에서 느끼던 레벨업의 쾌감을 현실에서 느끼게 되는 상황이었죠. 여러분도 그 레벨업의 짜릿함을 느껴 봤으면 좋겠네요.

11개월 만에 전교 1등으로 졸업하다

처음에 공부를 안 하던 놈이 공부를 시작하겠다고 하니 주 변에서는 반신반의하더군요. 가족들은 그나마 믿는 척을 해주 지만 친구들은 객관성으로 위장한 채 저보고 이미 늦었다고 말 을 하더군요. 지금 해 봐도 소용이 없대요. 어차피 1년도 안 남 은 시기 해 봤자 인서울도 못 간다고 하나 마나 한 결과이고 어 차피 노력의 낭비이니 열심히 하지 말라고 말하더군요. 그렇게 말했던 친구들은 추후에 다 성적이 나쁘게 나왔습니다. 그럼 저 는 어땠을까요? 저는 하위권으로 시작해 교내 1등으로 공부를 마쳤습니다. 수포자로 살아왔던 입장에서 1월부터 매일 수학만

8~10시간씩 공부해서 10개월 만에 수학 만점을 받았습니다. 전체 공부량은 매일 15~18시간씩 찍었습니다. 주변의 말에 귀 기울이지 않고 제 뜻대로 도전해봤어요. 아마 여러분도 어느 순간, 제대로 공부를 하겠다고 결의를 보이면 주변에서 회의적이고, 비관적인 반응을 보이는 친구들이 꼭 있을 거예요. 거기에 주눅 들지 말고 뜻대로 하세요.

이제 안 하던 공부를 갑자기 시작하겠다고 선언하면 지금 해봤자 이미 늦었다고 반응을 보이는 친구가 꽤나 있을 겁니다. 또 공부를 하다 보면 학교 선생님들을 포함해서 주변 어른들이 현실적인 조언이라는 이유로 다소 비관적인 말씀을 하실 때가 있어요. 그런 분위기에 넘어가면 안 됩니다. 저도 그런 경우를 접해봤고 극복을 했습니다.

고맙게도 저를 지지해준 친구도 있었습니다. 새해가 되어 1월 2일에 제주도를 떠나 노량진 고시원에 가기 전에, 친하지만 입시 준비를 하지 않은 친구가 제게 현금 10만 원이 담긴 봉투를 주더군요. 서울 올라가서 교재를 사서 쓰라고요. 19살에 10만 원이면 얼마나 큰 돈인가요? 제 변화를 진심으로 응원해준 고마운 친구입니다.

고향을 떠나 그동안의 과거를 청산했습니다. 이제는 새로운 사람이 되었습니다. 겨울방학 동안 빡세게 하고 돌아왔습니다.

단 두 달의 공부로 모의고사 총점이 110점이 오를 정도였습니다. 계속 노력을 했습니다. 사교육 없이 순수 독학만 했어요. 인터넷에 올라온 무료 강의와 EBS 강의 정도만 종종 참고했어요. 그 이후의 결과는 수학은 백지상태에서 불과 10개월 만에 만점을 받았고, 영어도 28점에서 독해에서 한두 개 틀리는 수준까지 도달했어요. 물론 국어와 탐구도 많이 올랐고요. 제가 고1 때 뒤에서 전교 20여 등이었거든요? 저는 고2 말까지 내신이 안 좋았기 때문에 고3 올라가면서 정시를 준비했어요. 그런데 그때는 정시에서도 거의 모든 대학에서 내신까지 반영했어요. 예를 들어 정시에도 수능 80%, 내신 20% 합해서 반영했다고 치면 내신도 나름 중요한 셈이죠. 그러다 보니 고3 때 수능과 내신을 둘 다 준비했어요. 평상시에 수능만 준비하다가 내신 기간이 다가오면 2주간 내신 공부에 벼락치기로 올인하는 식으로 공부했어요. 학교 내신 수업 시간에는 수능 준비가 급해, 내신 수업은 아예 안 듣고 자습으로 수능 공부를 했어요. 내신 시험 기간이 되면 내신 교재와 자료를 벼락치기로 달달 외워서 좋은 성과를 냈습니다.

그렇게 11개월 치열하게 공부한 보상으로 성적이 많이 오르고 졸업식 때는 종합우수상을 받으면서 졸업식 대표로 졸업했습니다. 즉 고작 1년도 안 되는 기간을 공부해서 전교 1등을 했다는 이야기입니다. 초등학생 때부터 모범생으로 자라온 친구보다 시험을 더 잘 봤습니다. 수능만 준비하고 내신은 벼락치기하는 식이었는데 수능과 고3 기준 내신 모두 1등을 했습니다. 내신은 수업을 안 듣고, 2주 벼락치기만 했거든요. 그래도 수시 준비하느라 평상시에 내신 열심히 듣는 친구보다 더 잘 봤어요. 아무래도 내신보다 어려운 수능 중심으로 공부하다 보니 내신 준비할 때는 수학과 영어는 할 게 상대적으로 많지 않더군요. 그러다 보니 남들 내신 준비로 주요 과목 위주로 할 때 저는 기타 과목에 더 주력할 수 있었어요. 그렇게 하니 전체적인 성적은 골고루 좋게 나오더군요.

[3학년]

교 과	과 목	1학기			2학기		
		단위수	성취도	석차/재적수	단위수	성취도	석차/재적수
교련	교련	2	수	56(13)/113	2	수	13(12)/113
교양선택	교육학	2	이수		2	이수	
실업가정	기술	3	수	31(13)/113	3	수	25(8)/113
국어	문학	5	우	23(2)/113	5	수	7①/113
사회	사회·문화	3	수	25(9)/113	3	수	35(19)/113
사회	세계사	3	수	9(11)/113	3	수	6(6)/113
수학	수학Ⅰ	2	수	3(2)/113	2	수	6(5)/113
외국어	영어Ⅱ	4	수	15(2)/113	4	수	5(2)/113
국어	작문	3	수	16(2)/113	3	수	15(2)/113
과학	지구과학Ⅰ	3	수	32(6)/113	3	수	15(2)/113
체육	체육Ⅱ	2	수	21(6)/113	2	수	25(10)/113
이수단위 합계		32			32		

과목	세부능력 및 특기사항
종합우수상 수상(2004. 02. 07)	

고3 시절의 성적표입니다. 정시파이기 때문에 내신은 벼락치기로만 공부했습니다. 저 때는 내신 성적이 상대평가가 아니라 절대평가 시절이었어요. '수우미양가'로 평가되는데 3학년 1, 2학기 동안 한 과목 제외하고 모든 과목이 '수'가 나왔습니다. 지금 수능 영어 절대평가에서 90점을 넘으면 1등급이 되는 것과 비슷한 시스템입니다. 90점을 넘으면 수를 받게 되는 겁니다. 치열한 노력 끝에 계열 내에서 수능 점수 1등, 고3 기준 내신 성적 1등으로 3학년 과정을 마무리 지었습니다. 고3 올라오기 전까지 공부를 못하던 학생이 최상위권이 되는 데는 그리 오랜 시간이 필요하지 않았습니다. 그리고 다음 해 2월에는 문, 이과 두 명의 대표로 종합우수상을 받고 졸업식 날 단상에 나가 수상을 했습니다. 같이 수상한 다른 친구는 무난하게 서울대에 입성했습니다.

그런데 과연 저는 어땠을까요? 저는 1년 수능 공부로 한양대, 성균관대 정도의 사립 명문대학에 진학할 수 있는 성적이었습니다. 여기까지 보면, 잘 보낸 10개월의 결과였고 벼락치기가 성공한 뿌듯한 성과였습니다. 하지만 결론은 저는 대학을 못 갔습니다. 아니 애초에 대학 원서조차 쓰지 못했습니다.

1등을 하고도
대학 진학에 실패하다

정신적인 자극제였던 가정환경

고3 때 이미 우리 집안의 가세는 기울어진 상황이었습니다. 돈도 거의 없는 형편에 저는 서울 노량진 고시원까지 다녀온 것이었죠. 고시원에 생활하면서 돈도 절약하며 생활했습니다. 간식을 못 사 먹기에 같이 간 친구가 고맙게도 과자를 나눠주곤 했어요. 저는 세수를 일반 비누로 하는데 친구는 뭔가 좋아 보이는 폼클렌저로 세안하는 모습을 보고 부러워했던 기억이 납니다. 서울에서 제주도로 내려가기 전에 롯데월드를 가고 싶었지만 막상 앞까지 가놓고서도 비싸서 입장을 못 했던 적이 있어요.

개학 이후에는 교재비를 아끼는 처지였습니다. 저와 비슷한 형편인 친구와 책 몇 권을 같이 사서 나눠 풀었습니다. 가령 하나의 문제집을 오전에는 제가 풀고, 오후에는 그 친구가 푸는 식으로 말이죠. 그런데 막상 제가 공부를 더 열심히 하다 보니 그 책의 소유는 저절로 제 것이 되더군요. 어느 순간 친구가 공용인 교재를 안 찾아가더군요. 책은 같이 샀고 처음에는 함께 풀었지만 끝내 그 교재를 저 혼자만 끝까지 풀었습니다.

교재비를 아끼기 위한 다른 방법은 이랬습니다. 친구들이 다 푼 문제집을 버리려고 하면 제게 달라고 하고 그 교재까지 풀었습니다. 그러면서 알게 된 사실은 공부에서 효과를 못 보는 친구들의 특징을 발견했어요. 고작 딱 한 번 풀고 문제집을 다 풀었다고 생각해서 버리려고 하더군요. 그 친구들의 교재를 풀면서 살펴보니 틀린 문제는 다시 풀지 않더군요. 틀린 것을 정복해야 실력이 느는 게 아닐까요?

학기 중에는 공부를 많이 하다 보니 교재가 그만큼 필요했기 때문에 남들이 다 푼 문제집을 받는 것은 효과가 좋았습니다. 친구들이 틀렸다고 체크한 문제를 맞혀 나가는 재미도 있었어요. 매번 이런 반문이 들곤 했어요. 이 친구들은 왜 교재를 한 번씩만 보고 버리거나 왜 다시 안 보는 걸까. 분명히 틀리는 문항이 뻔히 보이고, 이런 비슷한 유형을 또 틀리는데 왜 해결을 안 하고 1회독만 한 채 넘어가는 걸까. 이런 의구심과 함께, 저는 같은 문제집을 3~5회독 돌렸습니다. 정석 같은 기본서의 많이 본 파트는 9회독까지 했습니다. 교재를 많이 살 수 없다는 형편 때문에 동일한 문제집을 반복한 것도 있지만 반복독의 힘을 서서히 알게 되면서 회독을 늘리게 되었어요.

동시에 압도적인 공부량으로 밀어붙였어요. 가을에 감기 몸살을 앓는 와중에서 책상 앞에 앉아서 공부했습니다. 잠이 오는 경우에는 벽에 기대 물구나무서기를 하든가 푸시업을 했습니다. 겨울에 냉수욕의 효과를 봤기 때문에 일부러 학교에서는 피곤할 때마다 화장실에 가서 차가운 물로 머리에다가 냉수마찰을 했습니다. 어려운 집안 형편을 자각하니 더 열심히 할 수밖에 없었어요. 가급적 집에 있으려고 하지 않았어요. 부모님의 다툼을 보기 싫었습니다. 그런 모습을 볼 때마다 '내가 더 열심히 해서 이곳을 탈출해야겠다.', '꼭 명문대를 가겠다.'는 생각으로 공부에 임했습니다. 곤경과 고난은 이렇게 정신적인 자극을 주곤 합니다.

물거품이 된 대학 진학의 꿈

막상 수능이 끝나 알아보니 실은 내가 대학에 들어가기 어려운 상황이라는 사실을 깨닫게 되었습니다. 집은 파산에 가까운 상태가 아니라 아예 파산해서 빚더미 상태였습니다.

수능이 끝나고 알게 된 사실들은 충격적이었습니다. 공부에 방해가 될까 봐 부모님이 숨겨왔던 사실입니다. 그동안 집안 형편이 어려워져 갔다는 점은 알고 있었습니다. 그런데 말씀을 들으니 우리 집안이 이미 파산했고, 집까지 이미 남에게 넘어갔다고 하네요. 부모님께서 농사를 하던 귤밭도 있었습니다. 어릴 때부터 겨울철에 방학과 휴일에 저도 밭에서 열심히 일하곤 했습니다. 어린 시기에 일하기 싫어 이런 생각을 종종 했어요. 내가 어른이 되어서 부모님으로부터 밭을 물려받게 되면 그냥 갖다 팔아버려야지. 하지만 이제 그런 상상을 할 수가 없게 되었습니다. 그 밭과 집까지 모조리 다 넘어가고도 수억 원의 빚만 남게 되었다고 했습니다. 그 말을 들으니 허탈했던 심정이긴 했습니다.

집이 망한 줄도 모르고, 열심히 공부해왔습니다. 집도 경매로 넘어갔지만 집에 수험생이 있으니 입시가 끝날 때까지만이라도 봐달라는 부모님의 부탁에 새로운 집주인은 흔쾌하게 들어줬다고 합니다. 우리 집이라고 여겼던 곳이 남의 집이 되었다고 생각하니 꽤나 슬펐던 기억이 납니다. 현실을 깨닫게 되었습니다. 그냥 돈이 없는 정도가 아니라 남에게 빚까지 갚아야 할 형편이다 보니 실질적으로 제가 대학을 갈 형편도 안 되었더군요. 원서조차 못 써봤습니다. 써서 붙어도 등록할 학비도 없고, 그전에 원서 3장에 해당하는 10만 원 조금 넘는 금액조차 걱정해야 할 처지였기 때문입니다. 4년 장학금을 받을 수 있는 학교도 있었지만 어차피 대학 가서 쓸 생활비도 없는 상황이었어요. 10만 원을 아끼려고 원서를 써 보지를 못했습니다.

우리 귤밭이었던 곳은 외지 사람이 샀습니다. 국사 과목에서 접했던 조선 시대의 소작농이란 것을 직접 겪게 되었어요. 몇 년간 우리 집에서 귤밭을 소작하는 대신 귤을 판 금액의 일정 부분을 새로운 밭 주인에게 내주기로 했습니다. 불과 1년 전까지 우리 밭이었던 곳을 소작한다는 것도 기분이 묘하고 슬펐습니다.

수능이 끝나니 학교가 일찍 끝나게 됐습니다. 학교가 끝나면 옷을 갈아입고 어머니가 일하고 계시던 밭으로 가서 일을 도와드렸습니다. 한때는 우리 밭이었지만 이제는 남이 주인이 된 귤밭이었습니다. 그렇게 시간이 흘러 새해가 되었습니다. 제 신분이 붕 떴습니다. 겨울 동안에는 부모님 일을 도와 오전 7시부터 오후 6시까지 귤밭에서 일하고 남는 시간에는 주로 독서를 하며 시간을 보냈습니다. 2월 졸업식에는 졸업생 대표로 상을 받고 졸업했지만 기쁘지는 않았습니다.

집이 파산 과정에서 아버지가 사기를 당했다는 사실을 알게 되어서 억울하고 한스러웠습니다. 그래서 꼭 검사가 되겠다는 마음으로 진학 목표를 법대로 잡았습니다.

스무 살 이후부터는 고민이 들끓던 시기였습니다. 당시에는 국가에서 운영하는 학자금 대출 제도도 없었습니다. 지금이야 학자금 제도가 있어서 그런 사건은 없지만 그 시절에는 자식의 대학 등록금을 마련하지 못한 어머니가 죄책감에 극단적 선택을 하는 일도 있었습니다. 비록 대학을 지원 못 했지만 우선 공부를 다시 하면서 학비가 덜 드는 국립대 서울대를 목표로 공부를 했습니다. 20살 시절, 부모님의 일을 도우면서 공부를 했습니다. 수능 직전에도 밭에서 일하느라 공부를 별로 못했던 날이 있습니다. 그날 밤에 신세 한탄하며 일기를 썼던 모습이 아직도 생각나네요.

1년간 제 독학 공부와 생활비에 썼던 금액은 80만 원 정도밖에 안 될 정도로 돈을 아껴가면서 공부했어요. 식사를 빵으로 많이 때웠습니다. 공부는 도서관에서 했습니다. 교재는 따로 산 게 별로 없을 정도였어요. 제가 고3 때 사촌 누나가 서울에 올라가서 재수종합학원에서 공부를 했습니다. 재수를 마치고 본인이 풀던 교재가 100여 권이 있는데 그중에서 풀고 싶은 것을 골라서 가져가라고 하더군요. 전년도 문제집이긴 했지만 질 좋은 교재로 몇 권 추려서 그 책 위주로 공부를 했습니다. 나중에 얘기를 들어보니 사촌 누나는 서울에서 공부를 하는 데 수천만 원 정도 학원비와 생활비가 들었다고 합니다. 반면에 저는 1년간 백만 원도 채 들지 않게 독학으로 공부를 했습니다.

굴복하지 말고
극복하라

100권의 책을 읽었던 재수 시절

고3 시절은 공부만 종일 15~18시간을 할 정도였지만 재수 기간에는 그 정도로 하지는 못했습니다. 집안 분위기가 좋지 않은 상황이었습니다. 아무래도 돈과 관련된 문제로 집안 갈등이 많았습니다. 그동안 살았던 집도 잃고, 귤밭도 잃고도 빚이 수억 대가 남았습니다. 우선 심란한 마음에 독서를 많이 했습니다. 책이 유일한 마음의 위안이 되었습니다. 수능 공부만 했던 19살 시절은 단기간에 지식적으로 많이 발전했고 의지도 놀라울 정도로 강해졌습니다. 하지만 사유적으로, 개인의 철학 면으로는 성장이 그리 크다고 보기 힘들었습니다. 그때는 기계적으로 공부만 하면 되었습니다.

성인이 된 20살부터는 처지가 달랐습니다. 현실을 직시하면서 고민도 많이 하고 무엇보다 책을 많이 읽었습니다. 고민을 타파할 해결책을 찾고, 어떻게 살아야 할지 궁리하기 위해 20살 시절에만 100권 넘게 책을 읽었습니다. 그러다 보니 점점 나만의 생각이 무르익게 되었죠. 수능 성적과 별개로 정신의 성장이 일어났습니다. 하지만 가난과의 싸움은 늘 힘들었습니다. 20살 2월에 썼던 일기에는 당시의 감정들이 나타나 있습니다.

> 2009. 2. 28. 토 비
> 휴우. 마음이 답답하다
> 지금 이렇게 해야 이 시련을 헤쳐 나아갈수 있을까?
> 공부에만 전념하고 싶지만 지금 내 상황이 여의치 않다.
> 하지만 나는 최선을 다할것이다.
> 난 Never failure !!!
> 나는 결코 아빠처럼 안될것이다.
> 나는
> 1. 부지런해지자.
> 2. 절대 화내지 말자. → 항상 미소지으며 살자.
> 3. 남에게 항상 친절하게 대해주자.
> 4. 노력하자. 나는 천재이다. 천재가 노력하면?
> 5. 항상 깨어있는 정신과 마음과 의식을 갖고 살자.
> 오늘은 이걸로 끝!
> 난 할수 있다 ^.^ :

이 당시에는 공부야말로 제 도피처였습니다. 공부가 유일하게 내 인생을 바꿔줄 수 있는 수단이었습니다. 고3 때만큼 온전하게 집중이 되지는 않았지만 공부를 계속해 나갔습니다. 힘든 건 가난이 아니라 가난이 만들어내는 갈등과, 그 갈등이 만들어내는 우울한 감정입니다. 그 우울한 기운을 떨쳐내기 위해 더더욱 책을 읽고, 자기계발에 전념했습니다. 제 탈출구는 독서와 공부였습니다. 저는 정신적으로 각성된 상태였습니다. 의지로 악조건을 이겨내리라 결심했습니다. 파산한 건 부모님이지 제가 아닙니다. 내 힘으로 극복하고 나의 길을 개척하리라 다짐했습니다.

당시에 저는 학비가 저렴한 서울대 법학과에 장학금으로 붙는 것을 목표로 공부했습니다. 『공부가 가장 쉬웠어요』 저자인 장승수가 역할모델이었습니다. 열 살에 아버지를 여읜 그는 고등학교를 졸업하고, 공사장 막노동과 택시 운전, 가스통 배달 등 온갖 일을 하면서 20대 초반을 보냈습니다. 당시에 그가 할 수 있었던 일은 막노동이 대부분이었습니다. 어느 날 이런 일들만으로 가난에서 벗어날 수 없다는 자각이 들었다고 합니다. 전환의 기회를 맞아 대학 진학에 갑자기 뜻을 품게 되었죠. 현재의 삶을 벗어나기 위한, 가난에서 탈출하기 위한 수단으로 공부를 선택했습니다. 공부를 한 번도 해 본 적 없는 사람이, 그것도 고교 졸업 이후 처음으로 공부를 하려고 마음먹은 사람이 목표로 잡는 대학은 당시에 제일 들어가기 힘들다고 알려진 서울법대였습니다. 그는 그곳에 붙을 때까지 고학으로 6년간 공부를 했습니다. 정확히 말하면 중간중간 공사장 막노동을 병행하면서 공부를 했습니다. 그 또한 중간에 다른 명문대학을 갈 기회가 있었지만 서울대에 들어갈 때까지 독기와 오기로 공부했어요. 끝내 장승수는 서울대 법대에 수석으로 합격했습니다. 즉 막노동도 하면서 무려 5년간 입시 공부를 했습니다. 서울대 수석을 차지한 그는 이런 말을 했어요. "지난 5년간 입시 공부를 하면서 내가 얻은 게 있다면 사람에겐 자기가 원하는 것을 할 수 있는 힘이 있다는 것이다."

저 또한 어려운 처지에 있었기 때문에 이 책을 읽고 힘을 얻었습니다. 장승수 씨의 경험담이 위로가 되었습니다.

두 번째 수능을 치렀습니다. 성적은 상위 1% 정도였고 당시에 서울대는 못 갈 점수였습니다. 서울 명문 사립대학을 붙을 점수였지만 갈 형편이 안 되기 때문에 고민할 필요 없이 다시 수능 준비에 들어갔습니다. 제 입장에서는 독학을 하는 데 큰 비용이 안 들어가기 때문에 일하면서 될 때까지 해 보자는 마음이었어요.

서울대를 목표로 한 세 번의 도전

그렇게 21살이 되었습니다. 겨울에는 밭에서 일을 하고, 봄에는 편의점에서 일을 했습니다.

편의점에서 알바를 하고 있을 때 마침 고2 때 담임선생님이 우연히 물건 사러 오신 적이 있었습니다. 그때가 3월 학기 중이었기 때문에 저보고 여기서 뭐 하냐고 되묻더군요. 그분 입장에서는 제가 고3 졸업식 날 단상 앞에서 대표로 상도 받고 해서 서울권의 좋은 대학에 진학해서 살고 있는 줄 알았나 봅니다. 고향에 눌러앉아 편의점 알바를 하고 있는 제게 사유를 묻기에 조금 부끄러워서 우물쭈물하며 대충 둘러댔습니다.

그런데 인생이 조금 재수가 없다고 할까요. 그때는 알바 자리가 경쟁이 치열해서 최저 시급도 안 주는 곳이 많았어요. 편의점 알바를 최저 시급도 못 받고, 시급 2,500원을 받으며 한 달간 50여만 원을 조금 더 넘게 벌었습니다. 물론 제 입장에서는 그 돈이면 반년을 버틸 수 있는 큰돈이었습니다. 그런데 하필이면 월급을 현금으로 갖고 있다가 도난을 당했습니다. 당시에 성인임에도 불구하고 경황이 없어 제 명의의 통장도 개설 안 할 정도였습니다. 단순히 현금으로 제 책상 서랍에 보관하고 있었습니다. 당시에 살던 집은 시골집이다 보니 남들이 침입하기 쉬운 곳이었거든요. 제 과실이었습니다. 돈을 채 써 보지도 못하고 도난당했습니다. 그 도둑은 양심에 찔렸는지 만 원을 놓고 갔더군요. 분노하기보다는 허탈할 뿐이었습니다.

그래도 삶은 새옹지마라고, 화 다음에 복이 찾아오더군요. 모교 선생님께서 제 후배들에게 제 자랑을 많이 하셨더군요. "너희 선배 중에 누구누구가 있는데 고2 때까지 공부를 안 하다가 고3 때 미친 듯이 공부해서 성적을 많이 올렸다." 이런 식으로 말씀을 하셨나 봐요. 아마 후배들보고 너희들도 그 선배처럼 늦게나마 치열하게 공부해서 성적을 올리라는 요지로 말씀하셨을 것 같습니다. 그 이야기를 들은 한 후배가 수소문을 하고 제게 연락을 주더군요. 과외를 받고 싶다고 합니다. 수업료는 시급으로 치자면 편의점 알바보다 6~7배가 더 높더군요. 과외를 시작했습니다. 수업료가 어려운 형편에 보탬이 많이 됐습니다. 편의점 알바 대신 과외를 하니 공부할 시간이 더 늘었습니다.

세 번째 수능을 마쳤습니다. 전국 0.6% 정도의 성적대였습니다. 수능 영어 듣기에서만 8점을 틀렸기 때문에 많이 아쉬웠던 시험이었습니다. 영어 듣기 17문제는 쉬운 영역에 해당하지만 저는 3년간 거의 영어 듣기에 투자하지 못했습니다. 그 당시에는 주로 MP3 또는 컴퓨터를 통해서 영어 듣기 공부를 해야 했습니다. 저는 MP3가 없었고, 6년 된 PC는 작동은 되지만 사운드 카드가 고장 난 상태였습니다. 다른 방법은 카세트를 통해서 직접 테이프로 듣는 경우였습니다. 그런데 저는 여러 핑계로 영어 듣기만은 제대로 공부하지 않았습니다. 참 어리석은 선택이었죠. 비슷한 성적대의 경쟁자는 영어 듣기 정도는 다 맞고 들어가는 형편인데 저 혼자만 영어 듣기 17문제 중 4문제를 틀렸습니다. 뒤늦은 후회였지만 영어 듣기에서 다 맞거나 단 한 개만 틀렸더라도 당시 0.1% 이내의 성적까지 나왔을 겁니다. 그 성적대라면 당시에 제가 가고 싶었던 서울법대를 갈 수 있었습니다. 3년을 공부하니 단순히 문제 읽고 푸는 것에 대해 상당히 능숙해지고 그 분야에 대해서는 그 누구 못지않게 잘할 수 있었습니다. 그런데 고작 영어 듣기 파트 때문에 원하는 대학을 못 가는 게 너무 아쉬웠습니다.

당시 0.6% 정도의 성적으로는 웬만한 대학과 학과를 거의 다 들어갈 수 있는 정도이지만 원서를 썼던 서울대에 쉽게 낙방했습니다. 성균관대 기준 삼성장학금이라고 해서, 4년 장학금을 받을 수 있는 성적이었습니다. 가정형편상 여기에 지원해서 혜택을 받는 게 낫겠지만 저는 소신껏 가군과 나군 각각 최고의 대학에 지원을 했습니다. 저도 장승수 씨처럼 될 때까지 해 보자는 심정이었기 때문에 떨어지면 다시 한번 시험을 준비하려고 했던 겁니다.

마침 이때 국가학자금 제도가 생겼습니다. 집에 돈이 없어도, 당장 등록금을 댈 여력이 안 되어도 학생 본인이 정부로부터 학자금을 대출받아 대학을 진학할 수 있는 시스템입니다. 이제 대학에 가라는 부모님의 설득으로 학자금 대출을 받고 대학을 진학하기로 했습니다. 대학 원서는 가군, 나군, 다군으로 나뉘어서 쓰게 됩니다. 제가 수험생일 때는 다군에서 가장 높았던 대학이 한양대 법학과였습니다.

당시 최상위권 학생들은 가군, 나군에 가고 싶은 대학을 쓰고 다군에 쓸 곳이 마땅치가 않아 주로 한양대 법학과를 쓰곤 했습니다. 저도 그렇게 원서를 썼습니다. 가군, 나군에서 탈락의 고배를 마셨기 때문에 다군으로 합격한 대학에 진학했습니다. 한양법대는 1년 전인 재수 시절 성적으로도 들어갈 수 있었기에 많이 아쉬웠습니다. 이제는 신설된 학자금 대출제도를 활용해서 비로소 대학생 신분이 되었습니다. 그리고 대학 가서도 학비와 생활비를 벌기 위해 과외를 쭉 하게 됐습니다. 대학교 1학년 때만 8명의 학생을 지도했습니다. 어느덧 학업보다 학생들을 가르치는 게 본업이 되었습니다. 그때부터 지금까지 수학 과목을 20년 가까이 가르쳐왔습니다. 수포자 탈출 경험을 살려 노베이스 학생들의 실력을 1년 안에 급상승시키는 수업을 해왔습니다.

악조건을 뚫고 공부하다

고3 때 수능 공부를 처음 시작해서 3년간 우여곡절을 많이 겪었습니다. 그리고 고3 때부터 지금까지, 수능과의 인연은 끝나지 않고 20년 가까이 학생들을 지도해오고 있습니다. 특히 저의 첫 공부 시작점이었던 두 달 간의 고시원 생활은 인생에 큰 변화를 일으켰습니다. 그 경험을 바탕으로 제자들을 단기간에 바꾸는 교육을 오랫동안 해오고 있어요. 저는 스스로 각성자 공부법이라고 명명한 공부 노하우를 학생들에게 전수하고 있습니다.

저는 그동안 온갖 악조건을 뚫고 공부했어요.

첫 번째는 사교육과 거리가 먼 시골에서 공부했어요. 내신 학원만 있고 수능 수업을 다루는 학원 자체가 단 한 군데도 없었어요. 수시 준비하는 것은 모르겠지만 정시 준비하기에는 정보도 부족하고, 외부적인 도움도 받기 힘든 곳이었어요. 하지만 공부는 결국 자기주도학습이 중요합니다. 혼자 고민하고, 스스로 궁리하다 보니 사고력이 무럭무럭 자라기 시작했습니다. 공부 비법과 노하우는 여러 합격 수기와 인터넷에 떠돌던 공부법을 참고했습니다. 검증된 수기에는 공통된 방법과 노하우가 있더군요. 저는 누구에게 직접 안 배우고 그 노하우를 흡수하고 적용해서 큰 도움을 얻었습니다.

두 번째로 저는 공부를 늦게 시작했어요. 19살 되자마자 시작했으니 입시에서는 스타트가 상당히 느린 편이었어요. 하지만 역전을 했습니다. 늦은 만큼 더 간절하면 됩니다. 어제 걸었으니 오늘은 악착같이 뛰면 됩니다.

세 번째는 공부하는 도중에 집이 파산했어요. 물질적인 가난을 겪게 되었지만 자기주도학습을 익히면 공부에는 큰 비용이 들지 않아요. 달랑 문제집 몇 권만 있으면 됩니다. 저는 문제집 사는 것도 아까워서 교재를 다 풀어서 버리려는 친구들에게 문제집을 달라고 해서 그걸로 풀었어요. 아니면 저와 비슷한 처지인 친구와 힘을 합쳐서 교재를 같이 사서 공용으로 서로 돌아가며 풀었어요. 비싼 학원에 안 다녀도 돼요. 주체적인 머리와 자기주도적인 학습을 하려는 의지만 있으면 충분합니다. 부족한 부분만 골라서 인터넷 강의를 들으면 돼요. 저는 참고로 돈이 없어서 일부러 무료 강의만 골라서 듣거나 ebs 강의를 참고했습니다. 그리고 모르는 문제는 학교에서 공부 잘하는 친구들에게 물어보면 웬만해서는 친절하게 알려주더군요. 또는 학교 선생님들께 여쭤봤어요. 그 점을 잘 활용했어요. 물론 대학 갈 돈이 없어서 바로 학교 진학은 못했지만 그 어려웠던 형편에서의 경험이 저를 더 성숙하고 강인하게 만들어 주었습니다.

따지고 보면, 환경적인 제약은 변명에 불과합니다. 늦었다는 것 또한 핑계입니다. 그냥 앞뒤 재지 말고 당당하게 부딪히세요. 악조건을 이겨낼 수 있는 비결은 우리 자신의 의지와 마인드에 달려 있어요. 이길 수 있다는 긍정적인 생각을 하세요. 상황이 어려우면 그만큼 절박한 마음으로 의지를 더 내세요. 굴복하지 말고 극복하세요.

당연히 이런저런 환경적인 지원이 있고, 출발도 일찍 하면 좋습니다. 하지만 없는 것을 한탄할 시간에 우리에게 주어진 힘이라도 잘 활용해야죠. 그 힘은 바로 우리의 의지입니다. 스스로를 믿고 열심히 부딪혀보세요. 무엇보다 공부는 자기 자신과의 싸움이기 때문에 혼자서도 어느 정도 완성할 수 있어요.

PART 3

각성자 공부법 사례
- 인생을 바꿔주는 공부법

명사들의 성공 비법에 숨겨진
각성자 공부법

현우진 강사, 양적인 성장 후 질적인 성장까지 도모

수학 강사 중에 유명한 현우진 강사는 학창 시절에 스탠포드 대학을 나온 수재입니다. 그는 중학생 초기에는 공부를 그리 잘하지 않았다고 합니다. 중학교 입학할 때만 하더라도 공부에 뜻이 없었고 밤에 공부도 안 하고 잠도 일찍 잤습니다. 주변에 공부 잘하는 친구를 보니 새벽까지 공부를 하다가 자는 것을 알게 되었습니다. 본인도 자극을 받아 밤늦게까지 공부를 했다고 하네요. 처음에는 적응도 못하고 꾸벅꾸벅 졸았다고 합니다. 하지만 계속 도전을 하다 보니 습관이 개조되고 점차 잠에서 자유로워지기 시작했습니다. 그렇게 공부량이 늘어나면서 자연스레 성적이 올랐습니다. 바로 다음 시험에 전교 석차 200등이 올랐다고 합니다. 공부를 안 하다가 남들보다 압도적으로 많이 하니 성적이 폭발적으로 상승한 겁니다. 성적 오르는 재미로 공부에 흥미를 갖고 그 이후에도 늦은 새벽까지 공부를 했다고 합니다. 그렇게 교내 한 자리 등수까지 올라 최상위권이 되었습니다.

하지만 일정 성적대에 도달하니 공부량을 많이 투입해도 성적이 오르지 않는다는 것을 체감하게 되었습니다. 압도적인 공부량에 의한 향상이 한계에 다다른 겁니다. 그가 깨달은 사실은 글을 이해하는 능력이 없으면 아무리 공부량을 늘려도 한계가 있다는 거였습니다. 그래서 겨울방학 때 다른 공부는 잠시 제쳐두고 200여 권의 책을 읽었습니다. 단기간의 막대한 독서량으로 독해력과 이해력을 신장시킨 겁니다. 양적인 성장에 이어서 이제는 질적인 성장을 할 차례였습니다. 독서를 통해 텍스트를 신속하고 정확하게 이해하는 능력을 키웠습니다. 그리고 그 이후부터 전교 1등을 놓쳐본 적이 없다고 합니다. 자기주도학습으로 성적을 급상승한 케이스입니다.

고승덕 변호사, 습관을 깨고 극단적으로 노력하다

고승덕 변호사는 대학 재학 중 고시 3관왕으로 유명한 사람입니다. 대학교 2학년 때 사법시험 최연소 합격, 3학년 때는 외무고시 차석, 행정고시 수석을 했습니다. 서울법대를 수석 졸업하고 예일대와 하버드에서 법학석사까지 마쳤으니 시험공부에 대해서는 가히 끝판왕에 가깝습니다.

행정고시는 어려운 시험입니다. 서울대를 포함한 명문대 출신 수재들도 3년 이상을 공부해야만 하는 시험입니다. 고승덕 변호사는 하루 평균 17시간씩 공부해서 불과 10개월 만에 행정고시를 수석으로 합격했습니다. 그는 대학 졸업 전에 그 어렵다는 고시 3개를 전부 다 통과했습니다. 사법시험은 최연소로 붙고, 행정고시는 수석, 외무고시는 차석으로 붙었습니다. 즉 시험에 대해서는 도가 트인 사람입니다. 공부의 신인 그가 이런 말을 남겼습니다. "일주일 내내 하루 평균 17시간 하면 어떤 일에 도전하더라도 최상위권에 들게 된다. 절대적으로 노력의 양이 많기 때문이다. 남들은 경쟁 상대가 되지 않는다." 그는 압도적 공부에 대해 이미 체득한 사람입니다.

그는 수험생 기간에 밥 먹을 시간이 아까워 일부러 젓가락질을 안 해도 되는 비빔밥을 먹으면서도, 교재에서 눈을 떼지 않고 공부를 했습니다. 비어있는 틈 없이 종일 공부만 했습니다. 자기 전에는 불 끌 힘조차 없을 정도였다고 합니다. 그만큼 몰입하고, 공부에만 온 힘을 쏟아부은 셈이죠. 그러면서 공부에의 유일한 왕도는 남들보다 더 많이 노력하는 거라고 강조합니다. 남들보다 2, 3배 노력하면 가속도가 붙어 급속도로 차이가 나는 겁니다. 그렇게 했기 때문에 그는 다른 명문대 학생들이 3년 이상을 공부해야 붙을까 말까 하는 시험을 단기간에 3개 모두 합격했습니다. 제가 주장하는 2/10 법칙의 사례입니다. 2배 이상 노력하면 10배 이상 성과를 거둘 수 있다는 법칙입니다.

그의 말처럼, 공부는 상대적 게임입니다. 어려운 만큼 남들은 포기, 좌절, 회의감에 사로잡혀 있을 겁니다. 이때 같이 굴복하는 게 아니라 더 노력해서 차이를 만들어야 합니다. '하면 된다.'라는 마음가짐을 가지면 확률이 그만큼 높아집니다. 본인은 죽어라 공부를 했다고 합니다. 죽어라 공부해도 안 죽는다고 한 강연에서 강조를 하더군요. 시험을 준비하는 입장이라면 필요한 최소한의 잠과 밥에 소비되는 시간을 제외하고 남은 깨어 있는 시간에 공부만 해야 한다고 주장합니다. 제가 말하는 각성자 공부법과 맥을 함께합니다.

그는 강연에서 이렇게 말했습니다. "인생은 포물선이다. 사람들은 대부분 보이지 않는 시작 구간에서 포기한다. 도약하는 단계에서 벗어나야 한다. 할 수 있다는 자신감이 필요하다. 공부는 자기 자신과의 싸움이다. 공부할 때는 자기 몸이 말을 안 듣는다. 그렇기 때문에 자기 습관을 깨야 한다. 일정한 시간을 두고 서서히 습관을 만들어 나가야 한다. 대부분의 습관이 한 달을 견디면 적응이 된다. 이 한 달을 못 견디면 인생에서의 대부분의 일을 성취할 수 없다."

그는 17시간을 공부하면서도 잠을 극단적으로 줄이지 않았습니다. 한때 4시간을 자면서 공부할 때 괴로웠다고 합니다. 이후 잠은 충분히 6~7시간을 자고 낭비되는 시간을 극단적으로 없앴습니다. 즉 수면시간 이외의 시간 모두 공부에만 투자했습니다. 식사 또한 공부하면서 해결했습니다. 집중력을 최고 강도로 올렸습니다. 긴장을 하고 의식을 한 채 집중을 하면 평소보다 최소 2배 이상의 차이를 만들어 낼 수 있습니다. 목표의식도 집중 향상에 도움 됩니다. 긴장감을 가지면 집중력이 고조됩니다. 매일 벼락치기 한다는 심정으로 공부해야 합니다.

『고승덕의 ABCD 성공법』이란 저서에는 그는 이렇게 강조합니다.

"성공하는 노력은 남과 차이가 나는 노력이다. 남과 차이가 나려면 오차 범위를 벗어나는 노력을 해야 한다. 몇십 퍼센트 더 한다고 자만하지 말고 적어도 남보다 두 배 이상 노력할 생각을 해야 한다. 눈뜬 시간 자체는 하루 몇 시간 차이가 나지 않는다. 눈뜬 시간을 어떻게 보내느냐는 큰 차이다. 노력하는 시간을 최대한 확보하는 것이 성공 전략이다."

제가 주장하는 2/10 법칙과 비슷합니다. 남보다 2배 이상 노력하면 성과는 10배 이상 나옵니다.

그는 시험 기간 동안 여유롭게 공부하지 않고, 매일매일 벼락치기를 한다는 절실하고 각성된 상태로 1년을 보냈습니다. 그 자신도 느긋하게 공부할 때와 절박한 심정으로 공부할 때를 비교해보니 5배 정도의 능률 차이가 있다고 합니다. 즉 마음가짐이 중요하다는 이야기입니다. 집중할 때는 벼락치기 한다는 심정으로 했습니다. 벼락치기의 연속입니다.

한석원 강사, 최적화된 루틴을 만들다

또 다른 사례도 있습니다. 한석원 수학 강사는 전교 300등에서 1년 공부로 서울대에 입성했습니다. 이분 일화와 관련하여 "서울대 가기에는 1년도 너무 길다."라는 말도 떠돌고 있어요. 오타가 아닙니다. 보통 1년은 너무 짧다고 해야 정상 아닐까요? 관점을 전환하세요. 어떻게 시간을 밀도 있게 보내느냐에 따라

1년이란 기간은 많은 것을 해낼 수도 있는 시간입니다. 같은 하루를 살아도 길게 살아내면 목표를 성취하는 데 1년은 긴 시간이 될 수 있어요.

한석원 강사가 공부 수기에 남긴 고3 시절의 루틴은 이랬다고 합니다.

- 아침 6시에 일어나서 씻고, 물 한 잔 마시기 - 10분
- 제일 싫어하는 과목 공부하기 - 1시간
- 아침 식사 - 10분
- 버스 정류장까지 걸어가면서 아침에 공부한 내용 머릿속으로 복기하기 - 5분
- 버스 안에서 국어 교과서 보기 - 30분
- 등교하자마자 아침에 공부한 내용 다시 보기 - 20분
- 아침 조회 시간에 영어 단어 외우기 - 30분
- 1교시, 수업 내용 스스로 외워가면서 공부하기 - 50분
- 쉬는 시간에 이전 수업시간에 공부한 내용 복습하기 - 10분
- 그 외 2, 3, 4교시 위의 루틴 반복하기
- 점심시간, 밥 빨리 먹기 - 10분
- 남은 점심시간, 오전에 공부한 내용 복습하기 - 40분
- 오후 5, 6, 7, 8교시 또한 같은 루틴 반복하기
- 수업 다 끝난 뒤에 저녁 먹고 집중적으로 놀고 쉬기 - 1시간
- 저녁 씻는 시간 - 10분
- 책상에 앉아서 오후의 수업 내용 복습하기 - 1시간
- 따로 계획했던 공부하기 - 4시간
- 집으로 오는 버스 안에서 오늘 외운 공식 다시 상기하기 - 30분
- 집에서 하고 싶은 공부하기 - 2시간

이렇게 매일 18시간 이상을 매일 공부에 매진했다고 합니다. 그가 잠자리에 들면서 스스로에게 던졌던 질문은 "시험점수가 얼마나 오를 것이냐."가 아니라 "오늘, 나는 나의 청춘을 제대로 살았는가? 나의 인생의 소중한 시간 중에 무의미하게, 무의식의 상태로 쓰레기처럼 버린 시간은 몇 분이나 되는가? 오늘의 모든 시간이 정녕 나의 의식과 함께하는가? 모든 시간의 주인이 진정 '나'였는가?"였습니다.

그는 이렇게 치열하게 공부해서 전교 300등에서 불과 1년 만에 서울대에 합격했습니다. 아무리 머리가 나쁜 사람이라도 이렇게 치열하게 공부하면 두뇌의 구조가 바뀌고, 생각의 질서가 바뀐다고 그는 강조합니다.

이렇게 단기간에 큰 학업 성취를 거둔 이를 보면 압도적인 공부량을 자랑합니다. 이런 노력은 그들만 할 수 있는 게 아니에요. 남의 두뇌는 모방할 수 없지만 성공한 자의 습관과 방법은 따라 할 수 있습니다. 절실한 마음을 품는다면 여러분도 해낼 수 있는 공부 자세입니다. 각성해보세요.

손정의, 막강한 독서력으로 최고의 경영인이 되다

　세계적 기업가이자 억만장자인 손정의는 어린 시절부터 완전히 불태우지 않으면 성이 차지 않았다고 합니다. 그는 영어를 아예 못하는 상태로 일본에서 미국의 고등학교로 유학을 갔습니다. 그는 6년간의 미국 유학 동안 공부를 최우선으로 삼고 밥을 먹을 때나 화장실에 갈 때, 심지어 목욕을 할 때조차 교재를 봤다고 합니다. 영어가 약해서 샤워를 할 때는 교재에 비닐 커버를 씌우고 몸을 씻으면서 영단어를 외웠다고 합니다. 수면 시간은 하루 세 시간에서 다섯 시간으로 쭉 자고 나머지 시간은 공부에만 투입했습니다. 길을 걸을 때도 책을 읽으며 걸었고, 대학 시절에 운전할 때는 수업 내용을 녹음한 테이프를 들었습니다. 그러다가 신호에 걸려서 잠시 대기할 때는 교재를 꺼내 핸들 위에 올려놓고 읽었다고 스스로 밝힙니다.

　손정의는 창업을 한 지 얼마 안 된 20대 중반에 당시 난치병으로 분류되었던 B형 만성 간염에 걸렸습니다. 그는 병원에 입, 퇴원을 반복하던 2년 동안의 시기에 무려 4,000권의 책을 읽었습니다. 투병 와중에 하루에 5권씩 읽었습니다. 그리고 그 독서력으로 '손정의의 제곱 병법'이라는 자기만의 경영철학을 완성했습니다. 지금은 수십조의 재산을 가진 세계적 기업가가 되었습니다.

　이처럼 모든 사례들의 공통점은 단기간에 벼락치기의 연속이라고 할 정도로 극단적인 노력을 합니다. 상대적으로 짧은 시간에 막대한 양을 투입해서 압도적인 결과를 만들 수 있습니다. 필요한 것은 성공에 대한 갈망과 더 향상되고 싶은 욕구와 목표에 대한 원동력입니다. 절실한 동기가 있으면 어려워 보이는 일도 해낼 수 있어요. 각성자 공부법은 압도적 노력이 기반입니다. 압도적 노력으로 여러분만의 전설적인 신화를 창조할 수 있습니다. 2배 이상 치열한 노력을 하면 10배 이상의 성과를 거둘 수 있습니다.

연습생 출신 수학 8등급에서
9개월 만에 수학 1등급이 되다

제게 배워서 수능 수학 1등급이 나온 고3 제자가 친구 한 명을 제게 소개해줬습니다. 혁수라는 친구인데 저를 만나기 전까지 공부를 아예 해 본 적이 없다고 합니다. 혁수는 가수를 꿈꾸며 십 대 시절 고교 공부를 멀리한 채 연습생 생활을 오래 해왔습니다. 가수 데뷔의 목표가 잘 풀리지 않아 다른 진로를 찾기 위해 갑작스레 입시 공부로 방향을 바꾸게 된 상황입니다. 공부에 뜻이 없다가 갑자기 재수를 시작하게 된 사례입니다.

2020학년도 대학수학능력시험 성적통지표

수험번호	성 명		생년월일	성 별	출신고교 (반 또는 졸업년도)	
18102401				남	경기고등학교 (2)	
구 분	한국사 영역	국어 영역	수학 영역 나형	영어 영역	-	제2외국어/한문 영역
표준점수		86	74			
백분위		27	10			
등 급	4	6	8	3		

2019. 12. 4.

한 국 교 육 과 정 평 가 원 장

2021학년도 대학수학능력시험 성적통지표

2020. 12. 23.

한 국 교 육 과 정 평 가 원 장

이 성적표를 살펴보면 고3 수능 수학 등급은 8등급이었습니다. 애초에 공부가 목표가 아니었기 때문에 입시 공부를 해 본적이 없습니다. 수포자일 뿐만 아니라 가수가 목표였기 때문에아예 공부를 포기했던 학생입니다. 공부 대신 춤과 노래에만 몇년간 전념했던 친구입니다. 공부를 한 적이 없으니 수능 때도 찍고 왔다고 합니다. 남들은 재수를 1월에 시작하는데 이 친구는 수능 공부를 2월 말부터 시작했습니다. 그것도 백지상태에서 말이죠. 공부 수준은 중2 정도에서 멈춰 있었습니다.

하지만 수학은 고교 과정 하나도 모르는 완전 백지상태인 8등급에서 불과 9개월 만에 수능 1등급이 나왔습니다. 찍어서 십몇 점이었던 실력이었지만 9개월 공부한 뒤 92점이 나왔습니다. 당시 입시는 문, 이과 나눠서 가형, 나형을 보는 교육과정이었습니다. 이 친구는 문과를 선택해서 나형을 봤습니다. 나형 시험이 가형보다 더 쉽다고 해도 백지상태에서 9개월 만에 1등급 받기는 상당히 어렵습니다.

정확히는 2월 중순에 공부를 시작해서, 방법도 모르고 혼자 잘할 자신이 없어서 메이저 학원에서 운영하는 기숙학원에 들어갔습니다. 그런데 기본기가 너무 부실한 상태에서 학원 수업을 따라가지 못해 1주일 만에 그만뒀다고 합니다. 그렇게 시행착오를 겪다가 혁수는 2월 말에 저를 만나게 됐습니다.

8등급인 학생, 그 누구보다 노베이스인 학생을 보고 저는 뭐라고 했을까요? 너는 실력이 많이 부족하니 2~3등급을 목표로 공부하자고 했을까요? 아니면 1등급을 받기 위해 2년을 투자하자고 했을까요? 아닙니다. 저는 9개월이면 충분히 1등급을 받을 수 있다고 강조했습니다. 각성자 공부법을 시켰습니다. 매

행동 강령(綱領)

精神을 集中하여 努力하면 어떤 어려운 일이라도 성취 할 수 있다

[생활]
1. 하루에 수면은 최대 5시간을 자도록 한다
2. 5시간을 자고 싶다면 그 날 할 일을 모두 끝마친다면 자도록 한다
3. 너무 잠이 오는 날은 잠을 최대한 자는 시간 정도 더 자는 대신 다음 날 한 시간을 더한다
4. 낮잠은 절대 자지 않는다 잠이 올 시 샤워를 간다
5. 잠이 계속 올 시 방방이로 내 뺨을 잊는 한평 때린다
6. 식사시간은 정해진 시간을 지킨다 식사를 거를 시 간단히 요기하거나 그 다음 날 밥을 먹고 아식은 절대 먹지 않는다
7. 과외 수업으로 인한 외출 이외의 시간에는 흐름을 깨기 위해 식사시간에 잠을 때를 제외하고는 자리에서 일어나지 않는다
8. 9월 모평 때까지 매일 7시30분에 일어난다 9월 모평 이후 7시에 일어난다

[멘탈]
1. 포기하고 싶을 때는 내가 지금 하는 공부보다 훨씬 힘든 일을 부모님이 왜 버티시고 악착 같이 살았는지 생각한다 그들이 고생한 이유를 또 내가 그들의 아들임을 증명해야함을 생각한다
2. 힘들 때 검사로운 다른 봄을 이루면 지금보다 더 못 자고 집중해야 함을 생각한다
3. 매일 수업에다 "나는 서울대학교 정치외교학과♥ ......다" 라고 15번씩 쓴다
4. 내 목표를 비웃거나 시간이 부족하다 하는 사람들♥♥은 한 귀로 듣고 한 귀로 흘린다

[공부]
1. 매일 최소 15시간 공부한다
2. 잠들기 전까지 책을 보다 잔다
3. 공부에 대한 방법, 나만의 비법을 찾아내려고 끊임없이 고민한다 단, 쉽게 얻는다는 생각은 버린다
4. 공부 이외의 그 어떠한 것도 신경 쓰지 않는다 어떤 유혹이 들어와도 참는다

[계획]
1. 계획은 지금처럼 한 시간 당 계획표에 작성한다
2. 뻔만한 변동 사항 즉, 외부의 사정으로 인한 변동 요인이 아니라면 계획은 절대 바꾸지 않는다

[매일 할 일]
1. 영단어 100개씩은 무조건 외운다
2. 영어 수능 특강, 독해 연습, 수능 완성 중 한 권을 골라 매일 4지문 씩 본다
3. 문학 작품은 하루에 두 개 씩 정리한다
4. 매일 스터디 플래너에 그 날 한 공부를 정확히 기록하고 자기 전에 한 줄 씩 성찰한다

[식습관]
1. 밥은 정해진 밥만 먹는다

당신들은 나보다 간절하지 않았기에 나만큼 힘들지 않았기에 나보다 더 열심히 하지 않았기에 나를 이기지 못한다.
난 독하게 버텨서 끝까지 버텨서 결국 승리할 것이다.

수업마다 플래너 검사를 하고, 공부 시간을 확인했습니다. 공부 시간은 평균 15시간 정도 나왔습니다. 저와 수업을 하는 9개월 동안 쉬는 기간은 단 하루도 없었습니다. 또한 다음과 같이 행동강령을 만들었습니다.

혁수처럼 공부와 상관없는 분야, 특히 예체능을 하다가 뒤늦게 공부를 시작하는 학생들이 있어요. 시작은 늦어도 괜찮습니다. 매일 벼락치기 한다는 심정으로 1년 가까이 보내면 놀라운 결과가 기다립니다.

혁수에게는 이렇게 당부했습니다. "잠자는 것 외에는 공부만 해라." 혁수는 이 말을 잘 따라 주었고 시간이 아깝다고 잘 씻지 않았을 정도였습니다. 저도 고3 때 머리 감는 시간이 아까워서 머리를 삭발했습니다. 제 과거 모습만큼이나 혁수도 공부에 몰두했습니다. 수업 직전에 밖에서 마주친 적이 있는데 영어 단어집을 외우면서 걸어오고 있었습니다. 자투리 시간을 잘 아끼더군요. 저는 수능 수험생 제자들에게 걸어 다닐 때도 자료를 보라고 강조합니다. 식사를 할 때도 영어 단어를 외우든가 인강을 보라고 권합니다. 이동 시간에도 스마트폰을 보지 말고 영어 단어를 외우거나 인강을 보거나 당일 공부했던 것을 백지복습하라고 강조합니다. 아이마다 실행력이 다릅니다. 치열하게 공부하는 제자들은 수학 교재에 김칫국물 자국이나 밥풀이 묻어있더군요. 식사하면서 수학 문제를 풀었던 겁니다. 그리고 이런 흔적을 남긴 학생들이 기어이 역전을 하고, 남이 봤을 때 불가능하다고 하는 결과를 만들어 냅니다.

남들이 3년 이상 공부하고도 받기 힘든 1등급을 고작 9개월

만의 공부로 받았습니다. 이게 각성자 공부법의 힘입니다. 상대적으로 짧은 기간에 벼락치기 모드로 끝장을 보는 겁니다. 원래 잘하던 아이도 아니고, 잘할 기미가 보이지 않던 학생도 독하게 마음먹으면 성적의 급상승을 거둘 수 있습니다. 단순합니다. 오로지 간절해지고, 그 절박함과 절실함으로 무장해서 공부 하나만 파고들면 그만입니다.

혁수는 공부하면서 스마트폰을 해지했습니다. 스마트폰을 아예 쓰지 않으니 인터넷도 안 하고, 친구와 연락을 주고받지도 않았습니다. 100% 공부 모드였던 셈이죠.

독학재수학원을 다니면서 수능 끝날 때까지 친구를 단 한 번도 만나지 않았어요. 1년간 유튜브를 한 번도 안 봤다고 할 정도입니다. 그런데 이게 그렇게 큰 희생인가요? 재밌는 영상을 보고, 남의 올린 사진을 보고, 웃긴 짤을 보는 게 인생을 바꾸거나 우리에게 중요한 영향을 줄 정도로 가치 있는 일인가요? 구경꾼이 되지 마세요. 수능 수험생이라면 단지 1년만 다른 것을 안 하고 공부에만 전념하면 됩니다. 공부하면서 여러 유혹이 있기 마련입니다. 그 유혹과 마주해서 거부하기는 힘듭니다. 애초에 유혹 자체를 원천 봉쇄하는 게 좋은 전략입니다. 머리는 알겠는데 인터넷을 포함한 무언가에 종속/중독되어 빠져나오기 힘들죠? 그러면 환경 설계도 극단적으로 해야 합니다.

공부를 안 하던 학생도 이렇게 공부만 해야 하는 상황과 환경을 조성하니 공부만 해내는 학생으로 돌변합니다. 환경 변화 없이 갑자기 공부를 많이 하기는 힘들어요. 공부에 독이 되는 대상을 멀리하거나 제거하고, 공부만 할 수 있는 환경을 선택해서 짧게 한두 달만이라도 몰입해보세요. 고3 미만이라면 방학 기간과 내신 기간만이라도, 고3이라면 발등에 불이 떨어졌으니 1년 가까이 미친 듯이 해 보는 겁니다. 여러분만의 역전 사례를 만들 수 있을 것입니다.

심장병을 딛고
국수영 564에서 수능 111이 되다

서현이는 중학생 때 화교 학교를 다녔어요. 부모님 입장에서 중국의 미래가 밝다고 생각했기 때문에 중국어를 익히게 하려는 것이었죠. 중국어를 배우고 고등학교는 외고로 진학했어요. 그런데 중학교에서는 수학을 중점적으로 못 배웠기 때문에 수학을 못하는 편이었고, 그 상태에서 외고의 수업을 따라가기 버거웠습니다.

예비 고3 겨울방학 때 저와 만나게 되었어요. 당시 서현이는 모의고사 기준 수학 7등급이었어요. 심지어 다른 과목도 못하는 편이었죠. 게다가 외고에서는 수업을 못 따라잡고 계속 꼴찌 수준에 머물렀다고 합니다.

고2 마지막 모의고사 성적이 국어 7등급, 수학 7등급, 영어 3 등급이었습니다. 중국어만 잘하는 학생이었어요. 첫 수업에서 밝힌 개인의 목표는 수학 1등급이었습니다. 목표의 이유는 의외더군요. 부모님께서 어릴 때부터 중국어 교육을 시켰고, 원래 중국으로 대학을 보내고자 하는 목표가 있더군요. 하지만 아이는 중국 대신 미국에 가서 공부하고 싶은 욕심이 있었습니다. 유학은 부모님이 보내주는 것이기 때문에 이렇게 타협을 봤습니다. "수능 성적으로 국수영 이과 기준 올 1등급이 나온다면 네가 하고 싶은 대로 해라. 하지만 그렇게 하지 못하면 부모님의 말을 따라라."

국내의 명문대학을 가기 위해 공부하는 게 아니라 미국 유학을 가기 위해 미국 대학과 관련 없는 수능 공부를 하게 된 셈입니다.

문제는 고2 마지막 모의고사 수학 성적이 7등급인데, 서현이는 이과생들이 응시하는 수학 가형을 봐야 한다는 것입니다. 7등급이 10개월 만에 가형 1등급이 되는 것은 혁수의 사례보다 훨씬 어려운 일입니다. 당시 이과를 선택한 20만 명의 수험생 중에서 백지상태에서 10개월 안에 이과 집단의 상위 4% 안에 드는 학생은 전국에서 열 명도 안 된다고 장담할 수 있는 수준입니다.

고3 되는 해의 1월부터 같이 공부를 시작했습니다. 외고를 다니니 기본기는 있을 줄 알았는데 수학은 심각하더군요. 중학생 때 배우는 이차함수의 최대 최소 문제도 모르더군요. 물어보니 중학교에서 수학을 제대로 못 배우고, 기본기가 부족한 상태에서 고교 과정을 좇아가기 힘들어서 손을 놨다고 합니다.

저는 아무리 백지상태여도 현실과 타협하지 않습니다. 서현이와 수능 수학 목표 1등급을 받자고 약속했고, 다짐을 받아뒀습니다. 저는 밑바닥에서 시작하는 학생에게 늘 해야 할 의무와 하지 말아야 할 일을 주지시킵니다.

* 1년간 하지 말아야 할 일

1. 연애 금지

2. 친구와 어울려서 놀지 않기 (1년에 딱 2번 놀 수 있는 놀이 쿠폰을 갖고 있으며 그날은 본인이 정하고 선생님에게 보고한다.)

3. 인터넷(유튜브, 인스타그램, 사적 카톡) 금지

* 해야 할 일

1. 방과 후 바로 독서실 가서 공부하기

2. 자투리 시간(이동시간, 식사시간, 학교 쉬는 시간) 공부하기

3. 피곤할 때마다 쪽잠/토막잠 자기

4. 매일 공부 시간 재서 선생님에게 보고하기

지도하는 모든 학생이 완벽하게 실행하지는 않지만 실천을 많이 하는 학생일수록 공부의 성과가 좋더군요. 결국 공부의 결과는 공부 습관을 따라가게 마련이에요. 그리고 독하게 하면 1년 만에도 성적을 급상승할 수 있습니다. 서현이는 이 모든 지침을 다 지켰습니다.

그런데 서현이에게 불리한 점은 부족했던 실력만 있던 게 아니었어요. 심장병과 관련된 후유증이 있었습니다. 만난 지 얼마 안 된 시점에, 수업시간에 갑자기 엎드리더군요. 그때는 수업 초기라서, 아이가 공부하기 싫어서 농땡이를 부리는 줄 알았습니다. 불러도 안 일어나기에 20분 정도 옆에서 기다려봤습니다. 이후에 갑자기 벌떡 일어난 뒤 상황 설명을 해주더군요. 초등학생 때 심장 수술을 받은 적이 있고 지금도 주기적으로 병원에 검진을 간다고 합니다. 후유증이 있어서 가끔 기절하듯이 쓰러진다고 해요. 몇십 분을 기절하곤 한답니다. 수능 때 쓰러지면 어떡하냐는 제 걱정에 그 정도로 빈번하지 않다고 알려줍니다. 제가 수업을 마칠 때까지, 수능 직전까지 수업시간에 총 3~4번 정도 쓰러진 적이 있어요.

이렇게 몸도 성하지 않은 상태에서 공부를 했습니다. 물론 평상시에는 괜찮다고 하지만 간헐적으로 찾아오는 심장 통증도 있는 데다가, 정기적으로 병원까지 다녀와야 하니 공부만 몰두해야 하는 입장에서 신경 쓰이고 시간까지 뺏기는 면이 있지요. 심장이 매우 아프다고 수업을 취소했던 적도 있습니다.

하지만 상황을 역전하고 불리함을 극복했습니다. 먼저 3월 모의고사는 수학 6등급입니다. 4월은 62점입니다. 6월 모의평가는 80점 2등급이 나왔습니다. 9월 모의평가는 85점 2등급이 나왔습니다. 그리고 마지막 수능은 수학에서 딱 한 개 틀리고 1등급 내에서도 상위 1등급이 나왔습니다. 국어는 92점, 영어는 92점 나왔습니다. 고2 마지막 모의고사는 국수영 773입니다. 고3 첫 모의고사는 국수영 564입니다. 8개월 뒤 수능은 국수영 111입니다. 11개월 만에 온갖 악조건을 뚫고 성적을 급상승시켰습니다. 서현이는 고3 기간 동안 아파도 공부에 매진했습니다.

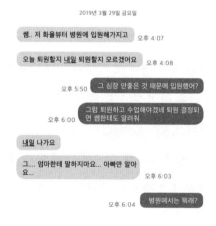

코피가 터져서 저에게 코피 멈추는 법을 문자로 물어보기도 했죠. 수업 초기에는 본인도 미래에 대해 회의적이었어요. 성적도 낮은 데다가 몸도 안 좋으니 말이죠. 3월 중간에 몸이 안 좋아서 입원한 적도 있습니다.

기숙사 생활을 했기 때문에 걱정하는 어머니에게 몰래 숨기고 병원에 입원한 적도 있습니다. 저는 가혹하게도, 아파도 공부를 열심히 하라고 합니다. 악조건이 있어도 치열하게 극복하라고 합니다. 변명거리가 있다고 설렁설렁하는 것을 마냥 지켜보지 않아요. 페널티가 있다면, 장애물이 있다면 극복하세요. 물론 어렵고, 힘든 과정인 것을 잘 압니다. 그러니깐 목표를 높게 잡으라고 말하는 겁니다. 스스로를 과대평가하세요. "자신이 능력 있다고 믿는 사람들은 그렇게 믿기 때문에 능력이 있는 겁니다." 나의 노력을 믿고, 미래를 확신하고, 앞만 보고 정진하세요.

중간에 목표를 포기할까 고민하던 서현이를 계속 붙잡고 동기부여를 하며 공부시켰습니다. "과연 제가 할 수 있을까요?"라는 서현이의 문자를 받을 때마다 긍정의 힘을 불어넣었습니다. 낮은 성적에서, 심지어 심장이 좋지도 않은 상황에서 공부할 것은 많고 너무 자주 막히니 그때마다 자기 의심이 들 법합니다. 하지만 끈질긴 노력으로 극복했습니다.

서현이는 부모님과의 내기도 이겼습니다. 수능 국수영 올 1
등급을 성취한 뒤 국내 대학에 진학하지 않고 바로 유학 준비에
들어갔습니다. 시간이 지나 지금은 컴퓨터 공학으로 세계 최고
에 꼽히는 미국 대학에 다니고 있습니다. 아래는 수능 이후에
받은 문자입니다.

수능 때 당시 기하 파트 킬러문제를 찍어서 하나 맞혀서 98
점을 받았습니다. 3월 모의 6등급에서 불과 8개월 만에 수능 1
등급 최상위까지 기적적으로 성적을 향상시킨 사례입니다.

공부로 무리해서
길가에서 실신했던 제자
(5등급에서 수능 88점까지)

이번에 소개하는 사례는 최근에 치러진 2024수능을 본 제자입니다. 세 번째 도전이며 두 번째 수능은 수학 5등급이 나왔습니다. 전년도 수능은 확통 선택이며 원점수는 54점이었습니다. 2023년 2월 말에 처음 만나서 9개월 가까이 수업을 했습니다. 저는 만나는 학생 모두에게 절대적인 공부량을 강조합니다. 치열한 자세를 주입합니다. 강력한 노력의 꾸준함과 제가 알려주는 공부의 전략과 효율이 결합하면 무서운 효과가 나타납니다. 이 제자는 수능에서 88점을 받았습니다. 5등급에서 시작해서 9

개월 만에 2등급이
되었습니다. 상위의
점수입니다.

작년 수능은 54점
이었습니다. 6월 모의
평가는 제자가 보낸
위의 문자처럼 62점

입니다. 긴장 때문에 실수를 많이 해서 점수가 안 나왔습니다.

다시 3개월이 지나
9월 모의평가가 되었
습니다. 76점이 되었
습니다. 3등급입니다.

2달이 지나서 마
지막 수능날이 되었
습니다. 2023년 11월
16일 수능 당일 밤에

바로 문자가 왔습니다. 수능 수학 88점을 받았다고 합니다. 전년도 수학 점수 54점 5등급에서 시작해 6월, 9월 모의고사와 수능까지 성적이 꾸준히 올랐습니다.

9개월 동안 본 교재는 아래와 같습니다.

- 수1, 수2(공통) - 기출(자이스토리) N회독, EBS수능특강, 수능완성, 블랙라벨, 꼼수수학, 이해원 N제, 한석원 4의 규칙, 배성민 드리블, 현우진 드릴 워크북
- 확통 - 기출(자이스토리), 4의 규칙
- 실전 모의고사 - 이해원, EBS파이널, EBS만점마무리, 히든카이스, 장영진, 킬링캠프 등 60여 회

기출과 N제와 실모를 균형적으로 공부했습니다.

동시에 성적 급상승 비결에는 언제나 제자들의 치열한 노력이 존재합니다.

이 제자와 관련하여 기억나는 상황이 있습니다. 제자가 수업 장소로 오다가 횡단보도 앞에서 갑자기 실신했다고 합니다. 다행히 퇴근길에 주변 사람들이 많을 때라서, 누군가가 부축해주고 119에 신고했다고 합니다. 응급실에 실려 가는 와중에 갑자기 정신이 들어 수업을 기다리던 제게 급히 전화를 했더군요. 간략하게 상황을 듣고 난 뒤, 빠진 수업을 걱정하지 말고 진료

를 잘 받으라고 제자에게 말해뒀습니다.

추후에 이야기를 들으니 수면 부족 때문에 피로가 누적되어서 잠시 기절을 했다고 합니다. 며칠 쉬엄쉬엄 11시간 반 정도 공부를 하다가 몸이 회복되니 다시 하루 13~14시간씩 공부를 했습니다.

저는 이 모습을 보면서 쉬엄쉬엄하라고 했을까요? 공부는 할 수 있을 때 몰아붙여서 비약적인 상승을 시켜야 합니다. 힘을 아껴뒀다가 막판에 비축한 에너지를 쓰는 일은 발생하지 않습니다. 주어진 기간에 전력 질주를 해야 합니다. 재밌는 사실은 초반에 열심히 하던 친구들은 막판에도 열심히 합니다. 오히려 수험 기간 내내 열심히 안 한 친구들이 막판 가서 더 힘들다고 아우성칩니다. 강하게 동기부여가 된 친구들은 1년 내내 쉬지 않고 공부를 합니다. 그 원동력은 어디서 올까요? 의지가 애초에 강한 학생들이 아닙니다. 절박한 목표의식과 간절한 꿈, 여러분만이 이루고 싶은 강력한 소망이 있어야 합니다. 치열한 노력의 보상으로 강한 성취를 할 수 있습니다.

저는 아파도 수업을 합니다. 그 기준을 제자에게도 요구합니다. 정말 죽을 지경이 아니라면, 졸도할 정도가 아니라면 수업을 강행합니다. 수능 당일에 몸이 아프더라도 시험을 미룰 수 없지 않습니까? 당연히 병원에 실려 갈 정도라면 쉬어야 합니다. 하지만 감기 몸살과 생리통 등 어느 정도 의지로 참을 수 있는 정도의 고통이라면 평상시의 80%라도 공부해야 한다고 제자들에게 강조합니다. 실전을 위해서입니다. 어떤 악조건에 처하든 해낼 수 있는 힘을 평상시에 키워둬야 합니다. 그래서 감기 몸살 앓는 제자들도 수업을 합니다. 이런 과정을 견뎌낸 제자들은 멘탈도 강해집니다. 정신력 향상은 긴장되는 수능 현장에서도 실력 발휘하며 흔들리지 않게 고득점을 받는 비결이 되기도 합니다.

　저는 가르치는 제자들에게 두 가지 길을 보여줍니다. 짧고 굵게 갈 것인가? 가늘고 길게 끌고 갈 것인가? 그 질문을 독자들에게도 던지고 싶습니다. 수학 54점 5등급이 수능 88점을 받는데 9개월이면 충분합니다. 이제까지 소개한 제자들은 각각 5등급, 6등급, 8등급에서 시작했습니다. 결과는 다들 1등급이나 1등급 가까운 점수를 획득했습니다. 1년도 채 걸리지 않았습니다. 여기에 소개된 사례는 일부분에 불과합니다.　주어진 기간이 문제가 되지 않아요. 도전에 관한 여러분의 각오가 필요합니다. '각성자 공부법'으로 무장한다면 특별한 사례가 결코 특별하지 않아요. 여러분도 가능하니까요. 그러기 위해서는 여러분의 각성이 필요합니다.

PART 4

각성자
공부법의
모든 것

왜 각성자 공부법이
필요한가?

"왜?"라는 물음과 함께 찾아오는 각성의 순간

사전적 의미로, 각성은 '깨달아 안다'는 의미와 '정신을 차리고 주의 깊게 살피어 경계하는 태도'를 내포하고 있습니다. 저는 두 가지를 강조합니다.

첫째, 스스로 공부해야 하는 자기만의 이유를 깨달아야만 합니다. 강력한 이유는 강력한 행동을 낳는 법입니다. 왜 해야 하는지 확실한 이유와 동기가 있어야만 어려움을 극복하고 탁월한 성취를 할 수 있어요. 변화를 위한 각성이 필요합니다.

둘째, 그 각성을 유지하기 위한 환경을 조성하고, 그 상황에서 각성된 상태로 흐름이 끊기지 않은 채 쭉 공부를 행해야 합니다. 일종의 각성자 모드입니다. 적어도 한 달은 이런 상태로 공부에만 빠져 지내야 큰 효과를 볼 수 있습니다.

이제는 변해야 할 때라는 생각이 안 드나요? 지금 삶에 만족하고 있으면 그냥 그대로 살면 됩니다. 그런데 바꾸고 싶은 모습과 변화시키고 싶은 환경이 있다면, 또한 벗어나고 싶은 상황과 창조하고 싶은 미래가 있다면 지금이 자기 각성을 해야 하는 때입니다. 인생을 바꿀 수 있는 시기를 놓치지 마세요. 더 이상 이렇게 살면 안 된다는 절박하고 간절한 마음이 들 때 각성이 시작됩니다.

각성은 자기 창조의 길입니다. 저는 행복해지고 싶어서 19살 때 공부를 시작했습니다. 18년간의 인생을 반복하기 싫어서 변화를 시작했습니다. 그리고 지금은 행복합니다. 뒤늦게나마 공부를 하길 잘했다며 과거의 나를 칭찬하며 대견스럽게 여깁니다. 여러분도 각성을 통한 놀라운 변화를 경험할 수 있습니다.

각성은 현재를 벗어나고자 하는 몸부림입니다. 과거를 떠나 새로운 곳을 찾고 어제의 나 대신 새로운 나 자신이 되고자 하는 행위입니다. 후회와 희망의 교차 지점에서 전환적 변화를 꾀

하는, 더 나은 자신이 되고자 하는 감정 상태입니다.

갑자기 "왜 사는가, 어떻게 살아야 하는가, 내가 벗어나고자 하는 것은 무엇인가. 나는 현재 무엇을 해야 하는가, 어떤 미래를 만들고 싶은가."라는 진지한 고민이 찾아올 때가 있습니다. 삶의 목적에 대한 자각은 우리가 어떠한 위험과 역경에 처했을 때 비로소 시작되는 경우가 있습니다. 때로는 삶의 위태로움이, 다른 때는 삶의 지루함이 자기 변화를 요구하며 각성의 계기가 됩니다.

"아침에 일어나서 전차를 타고 출근하여 4시간 동안 일하고, 점심을 먹고, 또 4시간 동안 일하고, 전차를 타고 집으로 가서 저녁을 먹고, 잠을 자고, 월요일이 가고, 화요일, 수요일, 목, 금, 토요일, 똑같은 리듬이 반복된다. 그러다가 어느 날 '왜'라는 질문이 떠오른다."라는 알베르 카뮈의 말처럼, 사는 게 아니라 그저 살아지다가 문득 각성이 될 때가 있습니다.

이제는 태어난 대로, 생명과 시간이 주어진 대로 수동적으로 삶에 이끌리는 게 아니라 여러분 스스로가 삶을 주도하며 이끌어 갈 때가 되었습니다. 그 벼락처럼 찾아오는 각성의 순간을 포착해야 합니다. 저는 그 시기가 19살이 될 무렵에 갑자기 찾아왔습니다. 사람마다 각성의 시기가 다를 뿐, 변하고 싶은 마음은 우리 내면에 자리 잡고 있다가 불현듯 어느 순간에 튀어나옵니다. 각성하는 순간 생각, 의지, 마음, 영혼, 의식, 미래에 대한 비전 모두가 일치됩니다. 일체화의 순간은 진정한 나 자신이 되는 듯한 기분이며 폭발적인 기운을 얻습니다.

'환골탈태'라는 말을 들어본 적이 있나요? 다시 태어나자는 변화의 의지로 많이 쓰는 말입니다. 환골탈태의 뜻을 분석해보면 우리 몸의 골격을 이루고 있는 뼈를 새로운 것으로 모두 바꾸고, 배 속의 내장을 몽땅 빼내어 새로운 것으로 채운다는 과격한 의미입니다. 즉 소소한 변화 따위가 아닙니다. 내 안의 묵은 때를 벗겨내 완전히 새로운 인간으로 거듭나는 겁니다. 각성은 점진적 변화가 아닙니다. 내 뒤통수를 후려치는 죽비이자 내 심장을 후벼 파는 비수로 나를 철저하게 환골탈태시킵니다. 각성하는 순간 '우리의 혼은 타지 않으면 견디지 못하여 고통스러워 하는 불'이 되고 맙니다. 불타고 싶은 마음, 자기 연소하여 마침내 잿더미가 되고 싶은 치열함 자체를 이끌어내는 것이야말로 자기 각성입니다.

성공할 확률이 가장 높은 것이 바로 공부

여러분의 구체적인 목표가 어떻든 십 대에 해둔 공부는 미래에 유익한 혜택을 선사해줄 겁니다. 공부를 통해 얻을 수 있는 보상은 꽤나 큽니다. 특히 투자 대비 막대합니다. 제가 그동안 가르친 제자들은 1년 반짝 공부하고 진로를 많이 바꿔왔습니다. 인서울도 못 갈 성적에서 1년 만에 서성한, 연고대를 갈 수 있다면 시간과 노력 대비 남는 장사가 아닐까요? 남들이 6년 공부한 것을 1년 안에 해치울 수 있습니다. 우리를 비상시켜줄 수 있는 여러 도전 중에 공부가 가장 접근성이 좋고, 가장 성공할 확률이 높다고 장담합니다.

그런데 많은 학생들이 공부를 회피하는 이유는 단지 공부를 싫어하거나 목표의식이 없어서도 있겠지만, 승산이 없을 것 같아서 도전을 미루는 경우도 많을 겁니다. 이미 늦었다고 생각해서 내심 자포자기 마음으로 더 안 하려는 경향이 있어요. 어쩌면 공부가 본인과는 맞지 않다고 생각할지도 몰라요. 해 보지도 않고 섣불리 단정하지 마세요. 끝까지 도전해본 사람만이 그 한계에 대해 말할 자격이 있습니다.

사람의 마음은 간사해서 안 된다고 생각하면, 노력과 시간 등 자원을 아끼기 위해 승산이 없을 만한 곳에 발을 디디지 않거나 헛되다고 보고 노력을 애초에 시작하지 않아요. 하지만 이길 수 있다는 확신이나 내가 극복할 수 있다는 믿음이 있으면 그때는 점점 최선을 다하려고 합니다. 자신감과 내가 이길 가능성이 중요하다는 이야기입니다. 공부는 진입장벽이 높지 않아요. 예체능 분야는 아무래도 필요한 자질이 있겠지요? 그런데 공부는 한글만 뗄 정도면 충분히 가능합니다.

입시 공부는, 특히 수능 공부는 늦게 시작해도 역전 가능성이 충분합니다. 수시 같은 경우에는 과거의 성적이 그대로 누적 반영되기 때문에 역전하기가 조금 힘들 수 있어요. 하지만 정시의 경우 과거의 모의고사 점수는 중요하지 않아요. '수미잡'이라고 들어본 적이 있나요? 수능 미만 잡이라고 많이 하거든요. 왜냐하면 최종 수능 점수와 그 전의 모의고사 점수의 상관 관계가 떨어지는 경우가 많아요. 마지막 대수능을 잘 보고 평상시 모의고사 점수대로 진학 가능했던 곳보다 훨씬 더 좋은 곳에 합격하는 경우도 많습니다. 저도 모의고사보다 수능을 훨씬 더 잘 봤습니다.

정시는 내신과 다르게 뒤늦게 시작해도 한 방에 역전할 수 있는 시험입니다. 이 글을 보는 독자 중에는 공부를 못하는 친구가 더 많을 겁니다. 이미 지나간 시간에 개의치 말고 남아 있는 시간에 집중하면 남들보다 탁월한 성과를 거둘 수 있어요. 만약 수능 때까지 1년 이상 주어졌다면 지금 노베이스여도 1등급을 받을 수 있습니다. 각성자 공부법의 첫 시작점은 성장 마인드를 장착하는 데 있습니다. 내가 노력한 만큼 성적이 오르고, 내가 노력을 더 할수록 실력은 더 가파르게 향상된다는 믿음이 있어야 합니다. 변화는 본인이 주도할 수 있으며, 이미 지나간 과거는 중요하지 않고 앞으로의 노력이 중요하다는 사실을 알아야 합니다. 역전 가능합니다. 하위권의 반란을 꿈꿔보세요.

2/10의 법칙이 작용하는 각성자 공부법

남들보다 2배를 투자하면 10배 이상의 성과를 거둘 수 있습니다. 2/10법칙입니다. 투입 대비 성과는 직선처럼 선형적인 결과로 나오지 않습니다. 투입이 많을수록 더 가파르게 성과가 좋아지고, 실력 향상이 빨라집니다.

그러면 반문을 하겠죠? 머리로는 알겠는데 2배를 어떻게 하냐고요. 고3 기준, 대부분 수험생의 하루 순수 공부 시간은 6~8시간밖에 되지 않아요. 종일 학교와 학원과 독서실에 있는 것 같지만 낭비하는 시간이 워낙 많다 보니 순공 시간을 재보면 저 정도밖에 안 나옵니다. 그런데 저는 학창 시절에 남들보다 하루에 7~8시간을 더 했습니다. 제가 15~16시간을 공부하고 반 친구가 8시간을 공부했다면 남들보다 2배 더 공부한 셈입니다. 그런데 성과는 10배라고 할 정도로 차이가 크더군요. 수학 기준, 같은 6~7등급 노베이스에서 시작한 친구들은 무난한 노력을 해서 10개월 뒤에는 4등급 정도이더군요. 같은 기간에 백지상태로 시작해 저는 만점을 찍었습니다. 대신 남들보다 수학을 하루에 2~3배 더 공부했습니다.

제가 그동안 가르쳐왔던 제자 중에 제 지침을 잘 따라오는 학생들은 주변 평범한 노력을 기울이는 친구들보다 공부를 2배 이상 더 합니다. 그리고 거기서 누적되는 차이는 어마어마합니다.

사실 동일 기간에 절대적인 공부량이 남들보다 2배 많다 해도 누적된 공부량은 부족한 게 사실입니다. 눈에 보이는 공부량만 2배가 되는 게 아니라 눈에 보이지 않는 공부에 대한 집중과 밀도는 평상시보다 4~5배 이상이 될 수 있습니다. 이런 점을 종합적으로 고려할 때 1년을 압축적으로 8~10년처럼 보낼 수 있습니다.

공부를 더 해온 재수생과의 경쟁 때문에 대부분의 고3은 공부를 했음에도 불구하고 1년간 성적의 등급 변화가 거의 없다시피 합니다. 제 딴에는 억울해해요. 나름 공부를 했고, 아는 것도 늘었는데 왜 등급은 안 오를까 고민하는 경우도 있습니다.

시험은 상대평가입니다. 그냥 적당하게 해서 문제인 겁니다. 엄연한 현실은 재수생까지 이겨야 하는 상황입니다. 그러면 그들이 나보다 1년을 더 했으니 그들이 그동안 해왔던 것보다 더 공부를 해줘야 합니다. 공부의 성과는 공부량과 공부법과 공부 머리와 집중력의 결합입니다. 이 중에서 인위적으로 가장 변화를 주기 쉬운 것이 공부량입니다. 그리고 공부를 많이 하다 보면 자연스레 깨우치는 게 늘어서 나머진 조건인 공부법과 공부 머리와 집중력도 좋아지게 마련입니다. 즉 공부량이 가장 큰 변수입니다. 고3뿐만 아니라 재수생도 생각보다 열심히, 꾸준히 하는 학생이 많지 않아요. 본인이 유리하다는 방심에 의해 풀어지는 재수생이 꽤 많아요. 입시를 준비하는 대부분 학생이 하는 척만 하는 허수이자 하수인 셈입니다. 아니면 적당하게만 하는 중수입니다. 여러분은 보다 치열하게 해서 고수가 될 수 있습니다.

내가 고3이든 재수생이든 간에 남보다 훨씬 좋은 결과를 만들기 위해서는 압도적인 공부를 해내면 됩니다. 그게 바로 2/10의 법칙입니다. 2배를 하세요. 그러면 2배의 결과가 나오는 게 아니라 10배 이상의 결과가 나옵니다.

2/10의 법칙을 명심하세요. 1배를 투자하면 1의 결과가 나옵니다. 하지만 2배를 투자하면 압도적으로 10의 결과가 나옵니다. 남이 안 하는 극단의 영역까지 올라가야 합니다. 2배를 더 하려면 단지 남들처럼 책상에 앉아 있는 시간에만 공부하지 마

세요. 온갖 자투리 시간을 활용해야 합니다. 그리고 교재와 필기구가 없어도 백지 복습을 하고 공부했던 내용을 계속 복기해야 합니다. 공부에 모든 것을 쏟아붓는 겁니다. 대신 그 효과는 10배 이상입니다.

승자효과로 선순환 일으키는 공부법

이번 2023년에 지도한 한 제자는 전년도 수능이 국수영과탐까지 34284 등급이었습니다. 1월부터 재수를 시작해 이번 수능은 21131 등급이 나왔습니다. 지방대를 갈 성적에서 한 해를 더 투자해 지금은 목표로 하는 SKY에 갈 성적이 된 것입니다. 이 제자는 제가 지도한 기간 동안 유튜브를 한 적이 없다고 합니다. 작년 고3 시기에는 하루 6~8시간을 공부했지만 저를 만나고 각성한 후, 매일 13시간씩 꾸준히 공부하고, 스톱워치로 잰 기록을 매번 보고합니다. 만약 저를 만나지 않고 작년만큼 적당히 했으면 과연 결과가 어땠을까요? 그리고 작년보다 2배 가까이 하는 올해는 작년과 과연 다른 사람일까요? 같은 사람일까요? 인서울을 못 가는 처지에서 1년 공부로 서울대, 연고대를 갈 수 있다면 입시에서의 벼락 성공이 아닐까요?

제가 아이들을 지도해본 결과 각성의 기회만 주어진다면 80%는 각성 전과 180도 달라집니다. 그렇다면 어떻게 이런 결과들이 만들어질까요? 바로 단기적 성취를 통한 쾌감이 원동력이 되어 선순환 구조를 형성하기 때문입니다. 선순환의 활성화가 학습 과정을 필승으로 이끕니다.

어느 분야에 도전하든 지속적으로 노력하기 위해서는 향상되고 있다는 체감이 중요합니다. 실력이 늘고 있다는 느낌이 안 들고, 정체하고 있다는 감정만 든다면 우리는 쉽사리 의욕을 잃곤 합니다. 심지어 많은 사람들이 즐기는 게임도 내가 조종하는 캐릭터가 강해져야 더 흥미를 느끼고, 내 실력이 늘어야 더 쾌감을 느끼곤 합니다. 그렇게 재미있는 게임도 늘 정체한 상태라면 흥미를 잃을 수밖에 없습니다.

억지로 버텨라, 인내하라 강조하는 것은 한계가 있습니다. 승자효과는 이길수록, 앞으로도 더 이길 확률이 크고 반대로 지면 질수록 앞으로도 질 확률이 크다는 겁니다. 승리하면 승리감에 의해 더 큰 힘을 얻습니다. 패배하면 패배감으로 위축되고 자신감이 뚝 떨어집니다. 그렇기 때문에 공부에서도 매일매일의 작은 승리가 필요합니다.

공부 초기부터 압도적인 양을 투입하고 몰입할 수 있는 물리적인 시간을 많이 가져가야 매일매일 성장해 나간다는 체감을 확실히 할 수 있습니다. 막대한 공부량을 투자하니 초반부터 쭉 쭉 올라가는 경험을 할 수 있어요. 특히 공부를 안 하던 백지상 태에서는 하루 10시간씩 며칠만 지속해봐도 갑작스레 아는 게 폭발적으로 늘게 됩니다. 하루 단위당 배우는 게 많으니 본인의 지적 성장 과정이 더 와닿게 돼요. 보람과 성취감을 느끼니 더 자발적으로 공부하게 됩니다. 성장의 쾌감으로 12시간을 공부 하고, 이후에는 14시간 넘게 공부할 수 있습니다. 머릿속에 채 워져 가는 지식의 증가와 확장을 스스로 체감하게 되니 초기에 는 신나게 공부할 수 있어요.

승리를 통해 얻은 자신감이 다음 번 승부에도 큰 역할을 담 당합니다. 반면에 패배할수록 자신감과 의욕이 떨어지면서 무 기력을 학습하면서 다음 번에 패배할 가능성이 더욱 높아집니 다. 이미 진다고 생각하고 시작하는 순간 그 게임은 패배할 수 밖에 없습니다.

공부를 적게 하다 보면, 초반부터 막히는 구간이 발생하곤 합니다. 공부량이 적으니 반복의 기회도 적고 복습량도 적습니 다. 그전에 배웠던 내용이 망각되고 휘발되니 얼마나 스스로 답 답해할까요. 흥미도 뚝 떨어져요. 이런 악순환을 끊기 위해 초 반에는 압도적인 공부를 하는 게 타당합니다.

압도적 공부는 작은 성공의 경험을 자주 만들어 냅니다. 공부는 끊임없는 동기가 필요해요. 그 동기가 우리가 앞으로 나가게 하는 원료입니다. 왜 공부를 해야 하고, 현재 왜 쉬거나 노는 것 대신 공부를 해야 하는지 이유를 알려주고, 그렇게 할 수밖에 없게 만드는 작업을 하는 것은 바로 우리의 동기입니다. 압도적 공부를 통한 주기적인 성취감이 우리의 동기를 지속해 줍니다. 또한 열심히 함으로써 주변 사람에게 인정받게 되니 거기서 비롯되는 만족감이 심리적으로 도움이 됩니다. 뿌듯함과 만족감은 자신감으로 이어져 공부에 더 몰입하게 됩니다. 선순환의 효과입니다. 우리가 겪게 되는 기분 좋은 경험은 도파민을 방출해서 그 기분 좋게 해주는 행위에 더 집중하고, 그 경험을 더 강화하게 됩니다. 이 작은 성공이 점점 쌓여 우리는 큰 성공을 향해 달려가게 되는 겁니다.

보통 저는 고2 마지막 모의고사가 수학 6등급 정도 되는 수포자들을 고3 올라가는 1월 겨울방학 때 지도하게 됩니다. 이 수포자들을 이끌고 두 달 공부로 3월 첫 모의고사에 2~3등급을 맞게 합니다. 그리고 아이들은 여기서 얻은 자신감으로 의욕이 충만해서 더욱더 열심히 하게 됩니다. 수능 출제기관인 평가원에서 주관하는 6월 모의평가는 대개 2등급 정도 성적이 나옵니다. 6등급 정도에서 시작해서 불과 반년 만에 2등급이 나오는 겁니다. 그것도 1년 공부를 더 한 재수생이 낀 시험에서 고3 수포자 출신이 얻는 성취인 겁니다. 이런 성취들이 지속되어 압도적인 성장을 만들어내는 것이 바로 각성자 공부법입니다.

각성자 공부법의
3가지 특징

첫째, 불꽃 튀게, 벼락치기 모드로 공부한다

각성자 공부법은 우리의 마음과 정신력을 최대한 활용해서 극단의 잠재력을 발휘하는 각성 모드로 공부하는 방법입니다. 일상 모드로 공부에 접근하는 게 아닙니다. 시험 직전에 벼락치기 하는 모습을 상상해보세요. 시험 전날에 몰아서 공부하는 양과 집중력은 평상시와 비슷하지 않을 겁니다. 비상 모드로 절박하게 공부하니 짧은 시간에 생각보다 지식을 많이 흡수하는 경우가 있던 적이 있지 않나요?

각성자 공부법은 벼락치기의 연속이라고 비유할 수 있어요. 더 구체화시키면 연속적인 몰입 모드입니다. 어쩌다가 하루 이틀이 아닌 최소 한 달 정도는 몰입 모드로 한 가지 일에 푹 빠져보는 겁니다. 여기서는 그 대상이 공부가 되는 겁니다. 한 달가량 공부만 생각하고, 공부만 하고, 공부에만 빠져 지내면 실력이 비약적으로 오를 뿐만 아니라 뇌 구조가 공부에 최적화가 됩니다. 원동력 없이 몰입 모드로 지낼 수는 없습니다. 완벽한 변화를 위해서 각성자 공부법은 생산적 위기의식과 절박한 변화의지와 강력한 목적의식을 필요로 합니다.

재밌게도 제자들의 이야기를 들어보면, 시험이 다가올수록 집중도 더 잘되고, 더 열심히 하게 된다고 합니다. 아무래도 발등에 불이 떨어지기 시작하면 그 위기의식으로 인해 각성되는 겁니다. 대부분의 학생은 입시가 멀게만 느껴지니 하루하루 허송세월로 지내거나 또는 시간을 밀도 낮게 보냅니다. 차라리 한 달 단위로 공부하세요. 내신처럼 몇 주 혹은 며칠 뒤에 시험이 있다는 생각으로 벼락치기를 해나가세요.

벼락치기에 대해 부정적으로 말하는 선생님과 선배들이 많을 겁니다. 그런 분들은 꾸준함을 강조합니다. 그렇다면 우리는 꾸준한 벼락치기를 하면 됩니다. 하루 이틀로, 짧게 끝나는 벼락치기가 안 좋은 법입니다. 일상 모드로 평범하게, 의무적으로 공부하지 말고 내일 당장 시험을 본다는 자세로 각성된 상태로 몰아치기로 공부해보세요. 조금 긴장되고, 각성된 상태로 집약적으로 집중력을 투자하면서 눈앞의 공부에 골몰하면 여유롭게, 잡념과 함께 느긋하게 공부할 때보다 공부량이 월등하게 늘어납니다.

각성자 공부법은 매력적인 제안입니다. 남들보다 2배 이상 노력을 하는 대신 효과와 성취와 보상이 10배 이상 주어진다면 매우 현명한 선택이 아닐까요? 남들이 10년 동안 해온 것을 1년 안에 끝낼 수 있다면 아주 탁월한 선택이 아닐까요? 창조성과 탁월성의 원천은 압도적인 양과 밀접한 관련이 있습니다. 각성과 몰입을 통해 단기간에 초고속 성장을 할 수 있습니다.

둘째, 공부 하나만 생각하고 에너지를 집중한다

공부를 해야 하는 이유를 발견하고, 앞으로의 현실과 미래를 바꾸고 싶다는 각성을 했다면 그 이후로는 깨달음을 실천으로 옮기기 위해 일정 기간을 각성된 상태로 지내야 합니다. 일종의 각성자 모드입니다. 이때는 평상시보다 의욕이 넘치고 기민한

의식 상태로 분발하게 됩니다. 분산 모드로 전환하지 말고 집중 모드로 계획한 기간 동안 몰입해야 효과를 볼 수 있습니다. 모드 전환은 오히려 비효율적이며 회피와 꾸물거림을 초래할 뿐입니다. 모드를 지속하는 것은 쉽지만 새로운 모드에 들어가서 적응하는 것은 다른 큰 노력이 필요합니다. 게다가 공부와 공부 이외의 활동으로 자주 오가는 것은 그때마다 집중력이 훼손되면서 온전히 하나에만 몰입하기에는 추진력이 부족합니다.

각성자 공부법은 각성자가 된 상태로 일정 기간 공부에만 몰입하는 겁니다. 의식이 각성된 상태이기 때문에 평상시의 본인과 다릅니다. 이때는 무의식적으로 할 때나 억지로 의지를 쥐어짜면서 할 때보다 더 큰 잠재적인 힘을 발휘합니다. 제 개인적인 경험으로는 10배 가까이 효율이 있었다고 봅니다. 그럴 수밖에 없는 이유는 이렇습니다.

강력한 집중에 힘을 싣습니다. 넓게 분산된 힘은 쉽게 흩뜨려집니다. 각성자 공부법은 힘의 수렴을 추구합니다. 힘은 조직화된 에너지입니다. 그 힘의 에너지는 집중의 분산에 의해 어정쩡하게 균열되고 파괴되고 맙니다. 우리가 일상에서 시도해 왔던 많은 일들의 효력이 미미했으며, 바꾸려고 했던 습관 및 행동의 효과가 적었던 이유는 바로 분산적인 노력에 있습니다. 뭔가를 못하는 경우는 안 해서라기보다는 애초에 어중간하게 노력을 투입한 탓입니다.

일례로, 한국 사람은 공부 투입량에 비해 영어를 못하는 것으로 유명합니다. 어중간하게 강도 낮은 공부로 10년을 지지부진하게 이어나가고, 거기다가 심지어 공부를 했다 말았다 반복하는 경향이 있어서 영어를 접해왔던 기간에 비해 효과가 극히 떨어집니다. 차라리 그럴 바에 단기적이나마 해외에 나가 집중적으로 원어민처럼 생활하는 게 시간 대비 더 강력한 효과가 있을 겁니다. 단기적인 몰입 교육이 낫다는 이야기입니다. 무엇을 공부하든 가늘고 길게 가는 것은 효과가 적습니다. 제대로 할 거면 강력하게 단기간에 끝내겠다는 마인드로 굵고 짧게 가야 합니다.

각성자 공부법은 한정된 힘의 에너지를 어떻게 다룰지에 초점을 맞춥니다. 그리고 일정 기간 동안 각성자 모드와 몰입 모드로 그 힘을 강력하게 이루고자 하는 목표에 일방적으로 쏟아붓는 방법입니다. 원하는 게 있다면, 그 과녁에 집중해야 합니다. 대부분의 실패와 비효율적인 결과는 우유부단한 결의와 어중간하게 분산된 힘의 무덤 위에서 무기력하게 뒹굴고 있습니다.

극단을 추구해야 합니다. 평균을 거부하고, 평범에서 탈출하고, 보통에서 벗어나야 합니다. 베스트셀러『원씽』의 저자 게리 켈러는 기적은 결코 평균이라는 중간지점에서 일어나지 않는다고 주장합니다. 기적은 항상 극단에서 탄생한다고 말합니다. 분산된 노력은 분산된 결과만 만들 뿐입니다. 그는 하나의 일에만 모든 정신을 집중할 때 큰 성공을 거뒀고, 집중력이 여러 곳으로 퍼져 있을 때는 그렇지 못했다고 합니다. 탁월한 성과는 초점을 얼마나 좁힐 수 있느냐가 관건입니다.

십 대와 이십 대는 나른한 저녁 같은 삶보다는 이글거리며 강렬하게 타오르는 정오의 삶을 갈구해야 할 때입니다. 평균으로 만족하지 마세요. 평균은 무의미하고 오히려 위험한 법입니다.

하나에만 쏠린 마음은 열 배 이상의 힘을 발휘할 때가 있습니다. 과연 내 머리를 지배하는, 그 생각 하나로 나의 마음을 들끓게 만드는 꿈은 무엇일까요? 온종일 그것 하나만 생각해도 기분이 고조되면서도 긴장 어린 치열함을 배양시키는 그러한 목표는 무엇일까요? 각성자로 이끌 수 있는, 나를 더 높은 존재로 차원 이동시킬 수 있는 그러한 목표를 찾아보세요. 내 의식을 지배하는 목표가 있다면 당분간 그 목표에 의해 이끌림을 당해보는 겁니다. 그 목표는 내게 없던 힘까지 안겨다 줍니다.

애플의 창업자 스티브 잡스를 혹시 아나요? 그의 이미지를 떠올려보세요. 그의 모습을 잘 모른다면 구글에서 한번 스티브 잡스를 검색해보세요. 죄다 비슷한 옷차림을 하고 있다는 사실을 알게 될 거예요. 늘 똑같은 검은색 터틀넥 셔츠를 입고 있죠.

억만장자인 그는 마음만 먹으면 원하는 모든 옷을 구입할 수 있습니다. 그런데 왜 매번 똑같은 옷을 입고 있을까요? 그는 옷을 고르는 데 의지력과 집중력을 쓰지 않고 자기가 하고자 하는 본업에 모든 인지 능력을 쏟아부었습니다. 만약 여러분이 압축적으로 성장하고 싶다면, 단순한 일상을 구조화하고, 그렇게 아낀 에너지를 공부에다 모조리 투입해야 합니다.

발명가로 유명한 에디슨을 알고 있죠? 그는 생전에 1,093개의 특허를 받았을 정도로 발명광입니다. 어느 날 한 저널리스트가 에디슨과 인터뷰를 진행하면서 물어봤습니다.

"성공을 위한 첫 번째 조건은 무엇이라고 생각하십니까?"라는 질문에 에디슨은 이렇게 답변했습니다. "지치지 않고 한 가지 문제에 끊임없이 육체적, 정신적 에너지를 쏟아부을 수 있는 능력입니다."

이 말을 한 에디슨은 매일 18시간 이상 연구에 매진했던 워커홀릭으로 유명합니다. "나는 평생 하루도 일한 적이 없다. 재미있게 놀았을 뿐이다."라고 말할 정도로 본업에 열정적인 사람이었습니다. 인터뷰를 하던 저널리스트는 되물었습니다.

"어떻게 하루에 18시간을 일할 수 있나요? 그건 성공하길 원하는 사람에게 너무 엄격한 규칙이 아닌가요?" 그에 대해 에디슨은 모든 사람들이 깨어있는 시간 동안 종일 무언가를 하고 있다고 했습니다. 대신 다양한 일을 분산해서 하고 있다는 거죠. 에디슨 자신과 그들의 유일한 차이는 그들은 많은 일을 하고 에디슨은 단 한 가지만 한다는 겁니다. 덧붙여 에디슨은 이런 조언을 남겼습니다. "만일 사람들이 깨어있는 시간을 한 가지 방향으로 적용한다면, 한 가지 목표에만 집중한다면 그들은 성공할 겁니다. 성공은 반드시 몰두를 따라갑니다. 문제는 사람들이 목표를 가지고 있지 않다는 사실입니다." 맞습니다. 분산된 노력은 흩어진 집중에 의해 애매모호한 결과를 만들어 냅니다. 단일한 하나의 목표에 초집중을 해 보세요. 짧은 기간에 급성장을 해낼 수 있습니다.

제 경험상, 누가 알려준 것도 아닌데 19살 1~2월에 몰입 모드에 빠져봤습니다. 이때 남들이 즐기는 것, 여태까지 제가 즐겨왔던 것 모두 자동적으로 안 하게 됩니다. 의지로 억지로 안 하는 게 아니라 그냥 관심이 안 생겨서 안 하게 됩니다. 더 큰 목적에 내 정신력 전부가 빠져있기 때문에 한눈팔 겨를이 없는 거예요. 이때는 평상시 좋아하던 활동도 하찮게 느껴지고 심드렁해져요. 본인의 꿈을 위한 진정한 각성자가 된 셈입니다. 물론 각성 모드가 끝나면 다시 평상시로 돌아오긴 합니다. 하지만 한 가지 목표에 전념하는 각성자 모드일 때는 정말 이상할 정도로, 미친 사람처럼 목표 하나에만 집착하고 집중하고 몰두합니다. 그렇기 때문에 생산성이 아주 좋아질 수밖에 없습니다.

제가 겪은 몰입 모드 시기에는 잠도 최소한도로 자고, 식사도 최소한도로 먹었어요. 그만큼 활용 시간이 남아돌아서 공부량도 월등하게 많이 나왔습니다. 몰입 상태는 그동안 비축됐던 잠재력을 다 끌어모아 쓰는 상태다 보니 그렇게 힘든 줄도 몰랐어요. 머리도 생각보다 잘 돌아갑니다. 잠재력을 쓰기 때문에 평상시와 다른 사람이 되는 겁니다. 겪어보면 정말 신비할 정도입니다. 열중하고 몰입하면 자연스럽게 몸과 마음이 비상사태가 됩니다. 그렇기 때문에 각성 모드인 겁니다. 그럼 저절로 평상시 안 쓰던 잠재력까지 발휘됩니다. 물론 다년간 이렇게 살기는 힘듭니다. 그래서 벼락치기 한다는 심정으로 단기간에 압축적으로, 압도적으로 급성장을 해야 하는 거예요.

저는 고3 1년간 이렇게 살아봤는데 별 탈이 없었어요. 덕분에 짧은 기간에 기하급수적으로 성장했다고 생각합니다. 특히 처음 각성자 모드에 들어갔던 두 달 동안 초고속 성장을 했습니다. 그래서 여러분도 한 달, 두 달이라도 각성자 모드로 공부에 몰입해보길 강력 추천하는 겁니다. 급성장을 하기 위해, 초고속 성장을 하기 위해서는 짧은 기간이나마 미쳐야 할 때가 있어요. 어차피 공부가 주목적인 고3이라면 1년 가까이 이렇게 몰입해보세요. 백지상태여도 서울 중상위권 이상의 대학을 1년의 노력으로 갈 수 있습니다. 고3 미만이라면 방학 기간을 잘 활용해 보세요. 한 달만 몰입해도 급격한 변화가 있습니다.

몰입에 들어서면 지속 과정이 별로 힘들지 않아요. 정신이 한 군데 쏠려있고, 내 모든 것을 갖다 바치기 때문입니다. 무엇보다 우리 인간은 비상사태와 위기 상황일 때는 없던 잠재력까지 쥐어짜는 존재입니다. 즉 각성자 모드는 스스로를 절박한 상황에 몰아넣을 줄 알아야 합니다. 벼락치기 한다는 심정을 활용해야 합니다. 여러분 또한 공부해야만 하는 상황을 꼭 만들어보세요.

셋째, 성장의 임계점인 하루 12시간 이상 공부한다

입시를 다년간 준비하는 N수생과 장수생 중에는 비효율적으로 세월을 낭비하는 경우가 꽤 있습니다. 무엇보다 전체 기간의 절대 공부량은 많은데 일정 기간(특히 1년)의 공부량은 적어서 공부 효과를 못 보는 학생입니다. 가늘고 길게 가는 바람에 전반적인 효율이 떨어지는 경우입니다. 예를 들어 어느 분야든 10년을 종사한 사람이 있다고 가정해보죠. 10년이면 그 분야에서 전문가가 되고도 남을 시간입니다. 하지만 똑같은 1년을 10번 반복해서 10년을 채운 사람은 여전히 아마추어입니다. 반면에 10년을 단계적으로 성장해가며 밀도 있는 시간을 보낸 사람은 프로가 될 겁니다. 공부 또한 마찬가지입니다. 애매하고 어중간한 노력으로 기간만 길 뿐, 보내온 기간에 비해 제대로 된 실력을 축적하지 못한 학생들이 많아요. 장기적으로 공부했다고 마냥 실력이 느는 게 아닙니다.

페이스북의 초기 투자가이자 수조 원의 재산을 가진 피터 틸은 이런 조언을 합니다.

"만일 당신이 무엇인가에 도달하는 데 10년이 걸리는 계획을 갖고 있다면, 당신은 다음의 질문을 스스로에게 던져야 한다. '아니, 왜 이걸 6개월 안에는 해낼 수 없는 거지?'"

저 역시 묻습니다. 남들이 10년 걸릴 공부를 왜 1년 안에 해낼 수는 없을까요? 노력 없이 그럴 수 있다는 것은 도둑놈 심보입니다. 극단적 노력과 최적의 효율과 탁월한 전략이 결합되면 압도적인 성과를 만들어 낼 수 있습니다.

승리와 패배 사이에는 단지 선 하나 그어져 있을 뿐입니다. 승패의 경계를 가르는 그 선을 저는 성공에 대한 임계점이라고 부르겠습니다. 임계점을 넘기 전에는 노력을 해도 미약한 힘을 발휘하거나 아예 미동조차 없습니다. 하지만 임계점을 넘어서면 폭발적인 성장을 하게 됩니다. 공부 또한 마찬가지입니다. 가속 성장의 임계점이 있습니다. 사람마다, 현재의 실력마다 요구되는 기준은 조금씩 다를 겁니다. 저는 가르치는 학생들에게 그 공부량의 기준을 일반적으로 하루 12시간의 노력으로 잡습니다. 즉 하루 12시간 이상 공부에 매진하라고 당부합니다. 그리고 12시간 공부가 익숙해지면 한 번 더 도약하라고 합니다. 14~15시간 벽에 도전하는 겁니다. 14시간 공부하는 게 적응되면, 가끔 12시간을 공부한 날은 공부 초기에 8시간을 했던 때와 비슷하게 체감하게 됩니다. 그만큼 습관과 적응의 힘은 놀라워요.

저는 고3과 재수생에게는 주간 90~100시간 정도에 도전해보라고 권유합니다. 하루 평균 13~14시간 정도 되는 셈입니다. 힘들어 보이죠? 저는 고3 시절에 잠을 4시간 반 정도 잤어요. 새벽 1시 반 정도에 취침해서 아침 6시에 기상했죠. 육상용 스톱워치를 목에 걸고 다니면서 자투리 시간까지 꼼꼼하게 시간을 측정했어요. 그렇게 해서 헛되게 보내는 시간을 줄이려고 했습니다. 더불어 정해진 공부 시간을 채우고자 하는 목표의식이 있기때문에 공부를 더 하고자 하는 의욕도 따라옵니다. 저는 주간 100시간 채우는 게 목표였고 매주 지키려고 노력했습니다. 어제 채우지 못한 시간은 오늘 보충하는 식으로 유연하게 공부했어요. 의무적으로 일정 공부 시간을 채우려고 노력하다 보니 공부 자체가 습관화, 자동화가 됐습니다.

임계점을 넘어서면 가속도가 붙어 점점 더 급속하게 실력이 늡니다. 긴 활주로를 내달리다가 강력한 비상을 하는 비행기처럼 우리의 노력은 어느새 점점 가속이 붙어 급속도로 초고속 성장을 하게 됩니다. 처음에는 1을 얻기 위해 100의 노력을 투입했다면, 나중에는 반대로 100을 얻기 위해 1의 노력만 투입해도 될 정도로 실력이 급상승하고 노력의 효율이 좋아집니다.

각성자 공부법
3단계

1단계: 거대한 목표를 세워라

1단계는 우선 거대한 목표를 세워야 합니다. 현실적인 목표가 아닙니다. 평범한 목표는 나를 못 움직입니다. 간절하게 만들 수 없어요. 목표의 크기가 행동의 크기가 됩니다. 나를 두근거리게 하고, 나를 떨리게 하는 목표야말로 나를 각성시켜주는 원료가 됩니다. 상대적으로 만만한 목표를 잡지 마세요.

어릴 때부터 서울대를 가고 싶었는데 그동안 공부를 미뤄와서 지금 인서울도 못 하는 처지라면 옛날 꿈을 버리고, 무난하게 인서울을 목표로 설계할지 모릅니다. 그러면 적당한 노력을 할 뿐입니다. 현실 가능성과 상관없이 거대한 목표를 세우세요. 이와 같은 경우라면 누가 비웃든 상관없이 서울대를 목표로 잡으세요.

목표가 동기가 되고 강한 추진력을 일으키는 원동력이 되어야 합니다. 입시 기준으로 기간이 1년 이상 남았다면 그 목표는 달성 가능합니다. 단 내가 치열한 노력을 해줘야 가능합니다. 내 노력에 대한 믿음이 생기면 우리는 더욱 노력하게 마련입니다. 내가 아무리 노력해도 현실을 못 바꾼다고 여기면 패배의식과 학습된 무력감으로 노력할 의욕조차 상실합니다. 여러분은 패배자가 아니라 승리자가 될 사람입니다. 이제 실행하기만 하면 이길 존재입니다.

이렇게 상상해보죠. 내가 수능 때 최고의 점수를 얻어서 대학과 학과를 모두 골라서 갈 수 있으면 어디를 갈 것인가? 그때 떠오르는 곳을 목표로 잡고 도전해보세요.

현실과의 괴리로 벌써부터 두려워할 필요가 없어요. 그 거리를 좁혀 나가는 것은 오늘부터의 노력이 될 테니까 말이죠. 점점 목표에 가까워지는 재미를 이제 느껴봐요. 만약 이루지 못한다고 해도 노력한 덕분에 다른 큰 가치의 목표를 성취할 수 있어요. 큰 목표에 대한 실패가 작은 목표의 성공보다 보상이 더 클 수도 있다는 사실을 명심하세요.

수능을 기준으로 말하자면 1등급 후반과 1등급 초반은 엄연하게 큰 수준 차이가 있습니다. 100명이 있다면 1등급 최상위는 1등입니다. 1등급 하위는 4등입니다. 그런데 어느 분야든 1등과 4등의 격차는 꽤 큽니다. 스포츠 분야에서 금메달과 동메달의 차이가 크듯이 말이죠. 제가 학생들을 지도해봤을 때 1등급 후반까지는 올리기가 상대적으로 쉽더군요. 가령 8등급에서 시작했다고 치면 1년이면 1등급 후반까지 충분히 올라갑니다. 하지만 다시 1등급 후반(백분위 96)에서 1등급 최정상(백분위 100)까지 가려면 기존의 8등급에서 1등급까지 가는 노력보다 더 힘들수 있어요.

1등급까지는 할 만하지만 만점이나 1등급 최상위는 상당한 노력과 시간을 요구한다는 사실입니다. 그래서 만약 하위권~중위권에서 공부를 시작하고 있다면 전략을 전 과목을 all 1등급 턱걸이로 잡아도 문제 없습니다. 즉 같은 1등급이어도 수준 차이가 나기 때문에 괜히 1등급이란 말에 기죽지 말고, 우선 백분위 96에 해당하는 1등급 컷 수준이라도 목표를 잡고 공부하세요.

제가 만약 고2 12월을 보내고 있고, 수능 목표를 설계하고 있는 학생이라고 해 보죠. 고2 마지막 모의고사는 국수영 666 나왔다고 칩시다. 수능은 11개월 남았습니다. 그래도 저는 11개월 뒤 수능 목표를 111로 잡고 공부할 겁니다. 아마 주변에서는 합리적으로 333 정도를 목표로 공부하라고 권할 겁니다. 뻔하게도 말이죠. 더 높게 잡고, 더 많이, 더 강력하게 공부하면 그만입니다. 대충 보내든, 치열하게 보내든 1년은 지나갑니다. 이왕 보낼 시간 농밀하고 빽빽하게 보내봐요. 저는 이런 식으로 가르치는 학생들에게 높은 목표를 설계하게끔 합니다. 그리고 목표가 높을수록 더욱더 치열하게 공부하고, 그 욕심만큼 점수가 오르더군요. 그건 여러분에게도 적용될 수 있는 원칙입니다.

목표를 높게 잡되, 확실하게 설정하라는 겁니다. 우주를 목표로 도전을 하면 최소한 하늘을 날 수 있습니다. 만약 천장을 목표로 잡았으면 적당히 분발하고 말아요. 그 결과는 지상에서 기껏 점프 한번 하는 정도에 불과하겠죠. 거대한 목표에 주눅 드는 게 아니라 그 큰 목표가 제게 힘을 주더군요. 시시한 목표가 아니라 나를 움직이게 하는 꿈을 목표로 삼으세요. 목표는 크게 잡으세요. 마음먹으면 어디든 갈 수 있다는 생각으로 목표를 설계하고, 살면서 무엇이든 할 수 있다는 마음으로 꿈을 품으세요. 성공하면 좋고, 비록 실패한다 하더라도 현실적으로 목표 잡을 때보다 훨씬 더 좋은 결과가 나옵니다.

성공 확률을 따지지 말고 여러분을 기분 좋게 해주는 목표를 세워보세요. 그래도 목표를 못 찾겠다면 내 힘으로 인생을 바꾸겠다는 목표를 대신 잡으세요. 환경 설계와 시스템을 구축하기 이전에 우선 동기와 공부할 의욕부터 선행되어야 합니다.

2단계: 공부 습관을 만들어라

2단계는 목표를 현실로 앞당겨 오기 위한 나의 강력한 행동입니다. 나를 끝없이 각성시키는 연료는 목표가 제공해줍니다. 절실한 감정을 품고, 나를 움직이게 할 만큼의 강력한 동기를 품는다면 행동은 저절로 따라옵니다. 각성하게 된다면, 변화에 대한 의지와 강렬한 생각만으로 의욕이 생기고, 태도가 바뀌고, 실천력도 달라집니다.

그리고 행동을 지속할 수 있도록 환경을 설계해보세요. 만약 처음 공부하는 학생이면 공부 습관이 불완전한 상태이기 때문에 언제든 결심이 무너지기 쉬워요. 그럴 때는 일부러 열심히 공부하는 수험생이 많은 환경을 선택해서 그 집단과 함께 공부하세요. 제가 노량진 고시원에서 공부한 것처럼 오로지 공부만할 수 있는 환경을 조성해보세요. 공부 외의 활동과 여러 유혹이 차단되는 곳으로 들어가야 합니다. 갑자기 정신 차렸다고 혼자 집에서 열심히 할 수는 없어요. 일상적인 장소는 유혹이 많습니다. 정신력이 흐트러지고 공부 습관을 만들기가 힘듭니다. 집은 생활하는 곳, 내가 쉬는 곳에 불과해요. 종일 공부할 수 있는 장소는 아니에요. 그렇기 때문에 외부에서 꼭 공부를 해야 합니다.

학업 분위기 좋은 스터디 카페에 등록하거나 독서실을 다니세요. 열띤 공부 분위기가 느껴지는 도서관도 좋습니다. 대신 시간을 정해서 그 시간에는 무조건 학업 장소에서 공부를 해야 합니다. 스스로 통제할 수 없다면 강제성이 있는 독학재수학원 같은 시스템에 의존해야 합니다. 외부 세계에서 벗어난 채 공부가 잘되든, 안되든 종일 앉아서 책만 펼쳐서 보세요. 우선적으로 책상과 한 몸이 되다시피 해야 합니다. 평상시에 안 굴리던 머리를 어떻게든 굴리기 시작하면 점점 묵은 때가 벗겨지며 맹렬히 회전하기 시작합니다. 초반의 힘든 벽만 깨면 점점 공부가 수월해집니다. 매일 순수 공부 시간을 측정하세요. 짧은 기간에 벼락치기의 성취를 하려면 압도적인 공부량이 필요합니다.

저는 공부하는 방법도 모르고, 의지도 아직 완벽하지 않은 상태에서 겨울방학 때 집과 학교를 오가면 잘될 리 없을 것 같다고 예상했어요. 아무래도 가장 큰 유혹은 친구일 겁니다. 학교에서 공부를 마치고 하교할 때 피시방, 노래방, 당구장, 어딘가 가자고 꼬드기는 친구들을 매번 거절하기는 불편하고, 가끔은 의리를 지키느라 내 할 일을 못 할 수도 있잖아요? 나중에 겨울방학이 끝나고 보니 역시나 주변의 다른 친구들은 놀면서 공부하느라 공부 효과를 보지 못했더군요. 외부 세계와 차단된 곳에 들어가 공부를 한 제 결정이 옳았습니다.

방학 기간에만 기숙학원에 들어가는 친구도 있을 겁니다. 독학학원과 관리형 독서실도 많아요. 그런 곳은 정해진 아침 시간에 입실해서 밤늦게까지 의무적으로 있어야 하죠. 독서실처럼 자의적으로, 마음대로 오갈 수 있는 게 아니고 통제된 상황에서 정해진 시간까지 의무적으로 자리를 지켜야 해요.

정말 스스로 해낼 의지가 있다면 독서실이나 스터디카페 또는 도서관을 오가면서 공부를 해도 괜찮습니다. 아마 많은 학생들이 가성비 차원에서 독서실과 스터디카페를 선택할 듯싶어요. 대신 이런 곳은 강제성이 없으니 자발적 의지가 중요합니다. 공부 장소에 아는 사람도 적어야 합니다. 외로워서 주변의 친구와 어울리고, 지루해서 주변 친구들과 만나서 놀고, 또는 친구들의 권유를 미안하다고 거절하지 못해서 시간을 빼앗기면 공부를 잘하기가 힘듭니다. 친구와 놀지 말라는 게 아니에요. 각성자 공부법을 실행하는 기간에만 주변 세계와의 연결을 끊고 공부에만 몰입해보죠. 친구와의 관계가 걱정된다면, 양해를 구하고 친구와의 연락은 하루의 공부 일정을 마감한 뒤에 하거나 중간중간 식사시간에만 가볍게 하면 충분합니다.

제가 학생들을 지도해본 결과, 독학학원(관리형 독서실)을 다니는 경우가 그래도 공부량이 가장 많이 나오더군요. 그래서 겨울방학 기준으로는 독학학원을 많이 추천합니다. 아무래도 아침 일찍 가서 밤 10시까지 있다 보니 저절로 공부량이 쌓일 수밖에 없는 구조입니다. 이렇게 해서라도 공부를 오래 할 수 있는 힘을 기르고, 오래 앉아 있을 수 있는 습관을 키워야 해요.

한 달, 두 달 정도 공부만 해야 하는 환경에서 공부를 해 보면 어느 정도 혼자 공부를 해나갈 수 있는 자기주도학습 능력이 생깁니다. 그렇다면 그 이후에는 어떤 환경에서 공부를 하든 잘 해나갑니다.

겨울방학 때 꾸준히 하루 12~14시간 공부를 한 고3 제자들은 개학 이후에도 11~12시간씩 꾸준히 공부를 합니다. 학교 친구들이 6~8시간 정도 공부할 때 말이죠. 그 차이가 커요. 하루 4시간 차이는 10개월이면 거의 1,200시간입니다. 즉 12시간 공부하는 사람 입장에서는 100일을 더 버는 셈입니다.

공부는 우선 공부량 싸움입니다. 오래 앉아서 지속적으로 버텨야 해요. 엉덩이 무거워야 합니다. 처음엔 의지로 시작하되 그다음에는 습관화를 통해 루틴이 되어서 공부의 자동화를 완성시켜야 합니다. 그런 변화를 위해 방학이 정말 중요합니다. 학기 중에는 이미 정해진 틀이 있다 보니 갑자기 개선하고 수정하기 쉽지 않아요. 하지만 방학 때는 생활 습관을 바꾸고, 큰 변화를 줄 수 있습니다.

3단계: 3주 이상을 유지하라

나를 각성시키고 공부할 환경을 만들었다면 각성자 공부법을 실행할 기간을 정해야 합니다. 어느 기간 동안 미친 듯이 해야 몸에 적응되고 효과를 볼까요? 최소 3주 이상은 그렇게 해야 합니다. 중간에 쉬면 각성 상태와 몰입 상태가 깨집니다. 한 가지에만 전념하며 한 달, 두 달, 심지어 1년을 이렇게 보내도 별 탈이 없고, 큰 무리가 없습니다. 변화를 체감하기 위해서 최소 3주 이상을 권장합니다. 왜 3주일까요?

우리의 의식적 사고를 자동화하고, 행동을 습관화하기 위한 최소한의 기간입니다. 미국 의사 맥스웰 몰츠는 많은 임상 경험을 통해 수술로 신체가 절단된 환자가 본인의 신체에 적응하는 데 3주 정도 걸린다는 사실을 발견했습니다. 즉 오른팔이 사라진 환자가 있다면 그는 평상시 습관처럼 오른팔이 여전히 있다는 착각으로 그 없어진 신체의 일부분을 활용하려고 합니다. 하지만 3주면 현실의 상태에 적응해 불완전한 몸에 맞춰 신체의 반응과 무의식적 행동이 달라집니다. 모든 습관에 이 이론을 주장할 수는 없지만 대부분 사람들이 체감하고 있는 습관의 법칙입니다.

우리가 한 습관에 적응하는 데 3주 정도 걸린다고 생각한다면 새로운 공부습관을 형성하는 데 방학 기간을 활용하면 좋습니다. 공부라는 하나의 목표에 깨어있는 시간을 다 쏟아붓는 겁니다. 책상 앞에 앉아 있지 않는 시간까지도 다른 생각은 잊고 공부에 대해서만 생각하는 겁니다. 내가 꼴등이어도 전교 1등을 하는 모습을, 서울대에 입성하는 모습을 상상할 수 있어요. 원하는 직업을 갖는 모습을, 되고 싶은 모습의 상태를 상상할 수 있어요. 3주 이상 공부를 하든, 목표를 머릿속에 되새김질을 하든, 목표지향적이며 미래지향적으로 살아보는 겁니다.

3주 이상의 압도적인 공부량은 매일매일의 변화를 보여주고 쾌감을 느끼게 해줍니다. 저는 공부에 흥미가 없는 상태에서 억지로 해야 한다는 의무감으로 공부를 시작했습니다. 시작 동기는 단순히 좋은 대학을 가겠다는 목표의식이었습니다. 막상 공부를 해 보니 최종 목표가 나를 이끄는 게 아니라 나날이 발전해가는 나의 모습이 나를 더 향상시키게끔 길을 인도하더군요. 그게 바로 각성자 공부법의 매력입니다. 압도적으로 많이 하면 실력이 느는 게 보여요. 그러면 없던 흥미도 생깁니다. 우리는 향상되어 가는 일을 좋아하게 마련입니다.

공부에만 빠지고, 공부를 통해 성장해가는 재미에 푹 빠지는 겁니다. 아직 실감이 안 날 겁니다. 그러니 3주만이라도 속는 셈 치고 한번 미친 듯이 공부해 보세요. 중독성이 있고, 쾌감이 있습니다. 다른 중독은 해가 되지만 공부의 중독은 큰 보상으로 찾아옵니다. 최소한 3주 이상을 잡아야 효과를 볼 수 있습니다. 방학 기간 또는 내신 시험 직전의 3~4주 정도 기간을 목표 지향적으로 잘 활용하길 추천합니다. 예비 고3이면서 현재 1월인 겨울방학이라면 수능 때까지 10개월을 목표로 하세요.

한 달 동안 충분한 성장을 했고, 이 정도로 만족하고, 더 이상 하기 힘들다는 생각이 든다면 한 달 이후에는 안정적이며 꾸준한 공부로 이어나가면 돼요. 그런데 할 만하고 가파른 성장의 쾌감에 중독되고, 더 많은 것을 짧은 기간에 익히고 싶고 더 높게 올라가고 싶다면 각성자 공부 모드의 기간을 더 연장하면 됩니다. 저는 겨울방학 두 달 동안 고시원에서 평범한 학생들의 1년 치 공부를 했습니다. 그리고 모의고사 총점 110점이 올랐습니다. 단지 점수 향상으로 끝난 게 아닙니다. 정신적으로, 지적으로 급격히 성장했습니다. 그리고 그렇게 만든 탄탄한 공부습관을 바탕으로 학교를 다니면서 매일 꾸준하게 원칙대로 공부했습니다. 매일 평균 15시간 이상 공부했지만 힘든 줄도 모르고 향상심과 성장에 대한 욕구로 치열하게 살았어요. 불과 몇 개월 전까지 공부라고 하면 질색하고, 모범생을 내심 무시했던 제가 말이죠. 그런데 겨울방학 2달 동안 공부한 내용이 3~7월 학기 중 5개월 동안 공부한 것보다 더 도움이 되었습니다. 기간은 더 짧지만 몰입도가 다르기 때문입니다. 제 경험상 겨울방학 때 몰입도가 100이라면 학기 중은 60 정도 되었습니다. 그래서 여러분에게도 방학의 활용을 꼭 권유하는 겁니다. 한 달만 공부해도 거대한 변화를 체감할 수 있어요. 그 변화에 대한 성취가 마음에 든다? 그럼 그 기간을 늘려보세요.

기본 공부 습관 만들기

먼저, 집중력을 잡아라

한 연구에 따르면 우리는 지금 하고 일들 가운데 47%를 잡념에 쓴다고 합니다. 즉 남과 대화를 나눌 때든, 공부를 할 때든, 유튜브 영상을 볼 때든 눈앞의 대상에 집중하는 게 아니라 딴생각을 할 때가 많다는 이야기죠. 물론 활동마다 잡념의 비율은 달라질 겁니다. 어쩌면 이 책을 보는 시간 중 절반은 책 내용과 관련 없는 다른 생각을 하고 있을지도 모른다는 말입니다. 컴퓨

터로 업무를 보는 사람들은 40초마다 업무와 상관없는 곳에 정신이 팔린다는 연구 결과가 있을 정도로 진득하게 한 가지 일에 몰입하는 게 힘들 정도입니다. 그렇기 때문에 눈앞의 대상에 몰입해야 하는 당위성과 절박성이 필요합니다.

우리가 한 가지 목적에만 명료하게 주의집중을 해야 하는 이유는 분명합니다.

첫째, 우리가 원하고 의도하는 대상을 성취하기 쉽습니다. 질질 끄는 공부가 아니라 단칼에 끝내는 공부가 되어야 합니다.

둘째, 공부에 더 깊게 빠져봄으로써 더 많이 이해하고, 더 많이 기억할 수 있습니다. 얕은 집중력은 우리 두뇌에 그 무엇도 남기지 않습니다. 단지 망각만 남길 뿐입니다.

셋째, 어중간하게 집중력을 분산하면 오히려 비효율만 가중되고 스트레스만 더 받습니다. 한 번에 하나씩 집중을 해야 합니다.

넷째, 집중은 주로 목적의식과도 관련이 있기 때문에 집중을 하고 눈앞의 세계에 시선을 둘 때는 지루함이 덜합니다.

다섯째, 죄책감이 덜합니다. 자기 의심이 덜 생깁니다. 집중하지 못해서 능률이 안 좋으면 우리는 스스로 무능해서 그렇다고 생각할 때가 있어요. 공부 머리가 안 좋다고 자책할 때가 있습니다. 시간 대비 효율이 떨어질 때마다 한탄을 할 때도 있어요. 하지만 이건 집중력의 문제이며 이 집중은 상황에 의해 나아지고, 훈련에 의해 개선될 수 있어요.

집중력을 방해하는 요인을 없애라

집중이 되는 환경을 만들거나 선택하는 것은 바로 자신입니다. 스스로 공부할 환경으로 들어가거나 공부만 할 수 있는 상황을 만들어야 합니다. 그러려면 주의집중을 방해하는 요인을 제거해야 합니다.

첫째, 스마트폰에서 멀어져야 합니다.

스마트폰을 켜는 횟수는 하루에 몇 번일까요? 세어본 적은 없죠? 아마 하루에도 수백 번은 켜서 화면을 들여다볼 것 같습니다. 틈날 때마다 연락이 왔는지 보거나 관심 가거나 재밌는 대상을 인터넷에서 찾아다니고 있지 않나요? 마치 거부할 수 없는 습관처럼 말이죠.

스마트폰은 주의집중력을 빨아들이는 괴물입니다. 심지어 시간까지 빨아들이는 바람에 스마트폰의 가상세계에 몰입하다 보면 시간은 어느새 훌쩍 지나가 버리고 맙니다. 그리고 우리가 보고 접했던 인터넷의 대상은 뇌리에 그대로 남아 공부하는 와중에 우리 의식과 무의식 사이를 배회합니다. 그러면 잡념이 더 생기면서 온전한 집중에 방해가 됩니다.

주의를 빼앗고, 집중을 훼손하고, 시간까지 허비시키는 스마트폰은 멀리해야 합니다. 굳이 하고 싶다면 아예 공부를 마감한 뒤 보상으로 잠깐 들여다보는 정도는 괜찮아요.

그럼 평소에는 어떻게 해야 할까요? 앱으로 제한 시간을 정할 수도 있어요. 하지만 그것을 안 지키니 문제인 거죠. 어느 정도 강제성을 부여하는 게 좋아요. 독서실에 가서 공부할 거면, 스마트폰을 집에 놓고 다녀옵니다. 아니면 독서실 사물함에 보관하세요. 집에서 공부할 때는 스마트폰을 가족에게 맡깁니다. 제 제자 중에는 심지어 수능 때까지 제게 맡긴 경우도 있었습니다. 그 제자는 처음에는 어머니에게 스마트폰을 맡겼습니다. 분명 의지를 굳게 다진 후 맡겼는데도 의지는 한결같지 않죠. 한 달을 맡아달라고 했었지만 고작 몇 시간도 안 지나서 어머니에게 폰을 달라고 떼를 썼대요. 뭐 확인할 게 있다고 자꾸 달라고 해서 어머니는 어쩔 수 없이 돌려줬어요. 무슨 큰일이 있어서 확인하려는 게 아니라 단지 스마트폰에 중독되고, 종속되어서 그런 겁니다. 나는 하나인데 아침에 결심한 자아와 오후의 풀어진 자아는 다릅니다. 그만큼 우리는 유혹에 약하고, 의지는 생각보다 유약해서 결심을 지속하기 힘듭니다. 그래서 강제성이 필요합니다. 이 학생은 본인의 이런 모습을 자각해서 결국 제게 맡겼습니다.

저마다 스마트폰을 어떻게 통제할 것인가 해답을 찾아야 합니다. 제 제자 중에는 스마트폰을 아예 해지한 경우도 있었어요. 이런 제자들이 성적 향상이 가파르더군요. 본인의 의지가 굳건하거나 애초에 폰 사용을 많이 하지 않는다면 갖고 다니면서 스스로 통제하면 됩니다. 그렇지 못한 경우는 외부 강제성을 동원하세요. 공부를 마친 후 보상으로 인터넷을 하고, 스마트폰을 통해 재미를 추구해도 괜찮아요. 하지만 공부 시간에는 긴급한 연락 외에는 절대 스마트폰을 사용하지 말아야 합니다.

둘째, 미디어 단식을 해야 합니다.

유튜브와 인스타그램과 틱톡과 넷플릭스와 각종 인터넷 커뮤니티와 네이버 뉴스 기사까지, 공부하는 입장에서는 이런 미디어를 통해 잃는 게 큽니다. 공부할 때 중요한 건 시간과 집중력입니다. 30분이든, 1시간이든 인스타그램, 유튜브, 커뮤니티의 글과 이미지를 보는 행위는 그 시간만 사라지게 만드는 게 아니라 우리 정신력까지 흩뜨려 놓고 맙니다.

우리가 하는 행위는 사고와 집중력에 흔적을 남깁니다. 쉬는 시간에 재밌고 웃긴 영상을 봤어요. 휴식 차원에서 유쾌하고 기분이 좋을 수 있어요. 그런데 공부를 하는 도중에 방금 봤던 영상이 생각날 겁니다. 그 생각은 꼬리에 꼬리를 물고 다른 생각으로 치닫게 됩니다. 방금 들었던 노래 가사를 공부하는 와중에 흥얼거리거나 그 곡이 자꾸 뇌리에 맴돌았던 적이 혹시 있나요? 우리가 누리는 경험은 그 순간으로만 그치지 않고 미래에도 우리 뇌리에 무의식적인 여파를 미칩니다.

특히 미디어는 우리 두뇌에 강한 영향을 미칩니다. 한 연구에서, TV를 시청하고 있는 동안 인간의 두뇌 상태 변화를 실험한 적이 있습니다. 처음 30분까지는 판단력과 각성도가 유지됐다고 합니다. 하지만 그 이후에는 정신적 자극에 둔감해지면서 멍한 상태가 되었다고 합니다. 보통 극장에서 2시간 가까이 영화를 보고 나왔을 때 멍한 상태를 겪어본 적이 있지 않나요? 게임 할 때도 처음에는 명민하게 집중하다가도 어느 순간부터 멍한 상태로 게임을 지속한 경우도 있지 않나요? 디지털 미디어를 보다가 다시 마음먹고 공부에 집중하려고 하면 다시 집중력이 고조되는 데 딜레이가 컸던 적이 있지 않나요?

매체의 흘러넘치는 정보와 여러 이미지와 인상은 우리 두뇌에 들어와 헤집고 다니며 우리 정신세계를 난잡하게 만들곤 합니다. 이런 무질서한 정신의 표류를 경계해야 합니다. 각성자 모드로 공부할 때 텔레비전은 아예 안 보길 당부합니다. 대개 집에서 부모님과 다른 가족들이 보고 있는 것을 우연히 지나가다가 조금씩 같이 보는 경우가 있는데 그런 것도 자제해야 합니다. 만약 드라마 같은 시리즈물이라면 다음 편이 궁금해지기 마련입니다. 그렇게 빠져들면 안 됩니다. 웹툰 또한 마찬가지입니다. 보고 싶은 작품이 있다면 수능 끝나서 몰아서 보세요. 지금 보면 끝이 없고, 자꾸 생각이 날 겁니다.

축구 같은 스포츠 경기를 보는 것을 좋아하는 학생도 꽤 있을 겁니다. 각성자 공부법을 실행할 때는 이 관심조차 끊을 정도로 공부에만 집중해야 돼요. 힘들 것 같죠? 그런데 제 제자들은 해내더군요. 애초에 우리가 무엇이든 하면 할수록 더 하고 싶고, 안 하면 안 할수록 생각이 덜 나게 됩니다. 하지만 한번 관심을 끊고 다른 쪽으로 관심의 방향을 돌리면 기존의 대상에 대한 생각이 점점 옅어지며 어느 순간부터는 신경이 쓰이지 않게 됩니다. 관심의 방향을 공부 쪽으로 틀기를 바랍니다.

쉬어야 한다는 생각이 들면 조금 더 건전하고 생산적인 휴식을 취하면 좋겠어요. 낮잠을 더 자든가, 산책을 하든가, 잠시 가까운 사람과 이야기를 나누거나, 일기를 써봐도 좋아요. 독서 또한 추천합니다. 독서를 하면 시간이 지날수록 두뇌활동이 촉진된다는 연구 결과도 있어요. 휴식 차원에서는 힐링이 되고 위로가 되는 책을 읽어도 좋아요. 운동도 좋습니다. 운동을 통한 신체활동은 도파민 수치를 올려줍니다. 운동을 할수록 분비되는 도파민은 늘고, 이에 따라 활력도 좋아지고 집중력 향상에 도움 됩니다.

제가 강조하는 바는 우리의 뉴런을 낭비할 만한 행동을 일절 하지 말자는 겁니다. 그게 가능하냐고요? 네, 인터넷 자체를 아예 안 하다시피 하고 공부에만 매진하는 학생이 꽤나 많습니다. 그리고 성과도 분명히 더 좋고요. 인터넷을 할 시간에 공부를 더 해서 공부량이 더 나오는 것도 있지만 그것보다는 집중력의 훼손 없이 순전히 공부에만 몰입할 수 있는 점이 더 강력한 이점입니다. 당연히 지금 인터넷의 늪에서 헤어나오지 못하는 친구들이 많아요. 이것 또한 일종의 중독입니다. 대신 끊지 못할 정도의 중독은 아니기 때문에 습관을 바꾸듯이 철저하게 바꿔 나가면 좋습니다.

각성자 공부법을 실행하면서 인터넷 세상에서 빠져나오세요. 몰입 기간 동안 대면해야 할 세상은 눈앞의 책상과 책과 공부자료이면 충분합니다. 인터넷은 강의를 듣거나 자료와 정보를 얻을 때만 활용하세요. 어영부영 시간을 낭비하고 있다면 스스로 되물어보세요. 지금 내가 하는 이 행위가 진정 나 자신의 성장에 도움을 주는가? 내 인생에 중요한 행위인가? 그게 아니라면 당장 그 행동을 그만두세요. 목적에 해가 되는 대상은 어떻게 해야 할까요? 철저하게 끊어내야 합니다.

매체를 과감히 끊으세요. 미디어를 멀리하세요. 도를 닦는 선승처럼 공부에만 집중하는 게 수험생 신분에서 더 옳은 길입니다. 힘들다고요? 습관의 문제라서 그렇습니다. 저는 고3 전까지 게임중독자였지만 공부하겠다고 각성한 이후 고3 3월부터 10월까지 인터넷을 인강 듣고, 문제집을 구입할 때 제외하고는 단 5분도 안 했습니다. 그리고 지금도 전국 어딘가에 인터넷에 속박당하지 않은 채 공부에만 매진하는 학생들이 많습니다. 그들은 의지가 강해서 그런 게 아니라 그게 자연스러운 습관이 되어서 그렇습니다. 즉 인터넷은 하다 보면 더 하게 되고, 안 하게 되면 자연스레 안 하게 됩니다. 'ALL OR NOTHING'입니다. 어중간한 타협은 없습니다. 조금씩이라는 핑계로 조금 더, 조금 더 하게 됩니다. 애매모호한 관리보다는 애초에 발을 디디지 않는 게 신경도 안 쓰이고 속도 더 편합니다. 익숙해지면 의지가 아니라 관성의 힘으로 굴러가는 게 습관입니다. 지속하는 힘을 창조하는 것도 습관이지만, 하지 말아야 할 억제력을 만들어내는 것도 습관입니다. 마음먹고 바꿔보길 당부합니다. 음식 단식이 힘들듯이 매체 단식 또한 힘든 과정이자 자기 자신과의 싸움입니다. 음식은 장기간 못 먹으면 탈이 나지만 매체 단식은 길면 길수록 오히려 유익해집니다. 머리가 더 맑아집니다. 공부하는 기간만이라도 디지털 세상에서 빠져나오길 바랍니다.

셋째, 주의집중력을 빼앗기는 목록을 만들고 관리해야 합니다.

비단 스마트폰만 우리의 집중력과 시간을 빼앗아가는 존재가 아닙니다. 목록을 정리해보세요. 누군가에게는 그게 주변 사람일지도 몰라요. 틈날 때마다 연락 오는 친구일 수도 있고, 자꾸 말을 거는 가족이 될 수도 있습니다. 공부하는 기간 동안 피하거나 접근을 줄여야 하는 대상의 기준을 정해보세요.

넷째, 일지/플래너를 활용해 할 일의 목록을 작성합니다.

일상을 설계하세요. 주의집중력을 뺏는 것은 유흥거리와 즐길거리만 있는 게 아닙니다. 해야 할 일의 목록도 의식을 잠식할 때가 있어요. 예를 들어 여러분이 마트에 장을 보러 갈 일이 있어요. 장 볼 목록을 외워서 가는 것과 메모장에 기록하고 가는 것은 차이가 큽니다. 아무래도 기억에 의존하는 경우에는 조금 더 신경이 쓰이고, 내가 뭐 빼먹은 게 없는지 다시금 기억을 더듬어봐야 합니다. 하지만 기록에 의존하면 그러한 두뇌 에너지를 낭비할 필요가 전혀 없어요. 공부 또한 마찬가지입니다. '이제 뭐 하지?'라는 고민 없이 여러분만의 계획이 술술 진행되어야 합니다. 기록을 통해 두뇌의 과부하를 막는 게 중요합니다. 오늘 해야 할 목록을 미리 계획해둬야 합니다.

스톱워치로 순수 공부 시간을 측정하라

오래 공부하려면 각성자 모드로 오직 공부만을 생각하고 공부에만 주력해야 합니다. 그러려면 매일 공부 시간을 재야 합니다. 순수 공부 시간입니다. 순공 시간을 통해 내가 하루 동안 얼마나 공부에 시간을 쏟아부었는지 점검해야 합니다. 스톱워치로 매일 시간을 잰 뒤, 과거와 비교하세요. 스마트폰의 공부 시간 앱으로 시간을 재도 좋습니다. 그래도 가급적 고전적인 방식인 스톱워치를 추천합니다. 스마트폰은 공부할 때 반납하게 되는 경우도 흔하고, 공부 시간을 재는 목적으로 이용하다가 다른 용도로 쓸 수도 있기 때문입니다.

시간을 재서 매일 플래너에 기록하거나 달력에 기입하면 좋습니다. 그렇게 해서 공부량의 추이를 매일 비교해보는 겁니다. 적어도 주간 총량은 어느 정도 비슷하게 유지하거나 차츰 늘고 있어야 합니다.

순수하게 공부를 한 시간만 재세요. 공부를 하다가 잠시 음료를 먹는다면 스톱워치를 끄고 음료를 마셔야 합니다. 화장실을 다녀온다고 해도 마찬가지입니다. 공부를 하는데 누가 말을 걸어서 대답을 해야 한다고 해도 잠시 시간을 멈춘 뒤 답변을 하세요. 이렇게 깐깐하고 꼼꼼하게 시간을 재보세요. 처음에는 스톱워치를 잠깐 멈추는 것을 깜빡할 수 있어요. 괜찮아요. 며칠 지나다 보면 시간을 재는 게 익숙해집니다.

그리고 공부 기록을 차츰 늘리는 데 욕심을 가져보세요. 오늘은 어제보다 조금 더 하려고 노력하는 겁니다. 나의 한계가 어디일지 궁금한 마음으로 오래 앉아 공부를 더 채워보세요. 일정 단계까지는 공부의 절대량이 중요합니다. 이렇게 의식적으로 시간을 재면 내가 하루에 얼마나 공부에 투자했는지 가늠할 수 있어요. 기록을 해서 하루 단위, 주 단위로 비교해보세요. 주간 100시간을 채우면 상위 0.5% 안에 드는 노력입니다. 100시간을 채우면 본인의 노력과 의지에 뿌듯함을 느끼세요. 웬만한 학교에서 가장 열심히 노력하는 학생입니다. 주간 90시간을 채우면 상위 2% 안에 드는 노력입니다. 주간 80시간을 채우면 상위 5%쯤 되는 노력이라고 생각하면 됩니다. 이 정도만 해도 어디 가서 공부 열심히 한다는 이야기를 듣습니다. 차츰 주간 80시간, 90시간, 100시간 이렇게 도전을 해 보세요.

제가 가르치는 제자들 중에 많이 공부하는 학생들은 하루 평균 14~15시간 정도 공부합니다. 적당히 하는 그룹은 하루

12~13시간을 공부하지만 이것도 다른 학생들에 비해 월등하게 많이 하는 겁니다. 대개 공부량에 따라 성적이 잘 나오더군요. 물론 너무 공부량이라는 수치에 집착하지 말아야 합니다. 머리가 잘 돌아가는, 집중력이 좋았던 공부 시간을 늘리는 데 신경 써야 합니다. 무의미하게 책상에 앉아 공부하는 척했던 시간을 줄여야 합니다.

처음에는 공부하는 습관을 완벽하게 만들기 위해 시간에 대한 강박관념을 어느 정도 가져야 합니다. 낭비되는 시간에 죄책감도 느끼고, 주어진 시간을 보다 더 생산적으로 보내려는 시도를 해야 합니다. 공부 시간을 재지 않으면 적게 하고도 공부를 많이 했다고 착각하는 날도 있어요. 온종일 독서실에 있지만 중간중간 꾸물대고 잡생각을 하고, 일상적인 것에 시간을 쓰다 보니 독서실에 있던 시간에 비해 공부 시간이 얼마 안 나오는 경우가 흔합니다. 순수 공부 시간을 측정하면서 얼마나 시간을 잘 활용하고 있는지 꾸준히 점검해야 합니다.

처음에는 공부 시간을 재는 의무감이 답답할 수 있어요. 하지만 계속 측정하다 보면 익숙해지니 염려 마세요. 공부 시간 기록을 점점 늘려나가 보세요. 자기 자신만의 기록 경신에도 도전해보고 말이죠.

쪽잠을 활용하라

저만큼이나 공부를 많이 하는 학생이 있었어요. 반에서 1등인 학생이었죠. 그런데 고2 모의고사에서 37명 중 30등을 하던 제가 1년 뒤에는 그 친구를 제치고 반에서 1등을 했습니다. 전교에서도 계열 1등이었고요. 원래 반에서 1등 하던 친구도 꽤나 열심히 했지만 노력 대비 성적 향상이 아주 조금 있었습니다. 수능 시험도 제가 더 잘 봤고요. 왜 그럴까요?

학기 초에 저는 마음속으로 반 1등을 라이벌이라고 되새기면서 공부를 시작했어요. 당연히 그 친구는 처음에는 저를 안중에도 두지 않았을 거예요. 그 친구를 이기겠다는 마음이 있다 보니 가끔씩 그 친구가 공부하는 모습을 보곤 했어요. 매일 눈이 시뻘건 상태로 공부하더군요. 직접 얘기를 들어보니 잠을 4시간 정도 집에서 자고 낮잠도 안 자고 20시간 종일 깨어있다고 합니다. 저는 이 친구가 상당히 비효율적으로 공부하고 있다는 사실을 알게 됐어요. 왜냐하면 저는 집에서 4시간 반을 자는데 그러다 보면 중간에 피곤한 시점이 찾아와요. 그때 억지로 버티면서 해도 머릿속에 지식이 쉽게 들어오지 않거든요. 즉 한 시간에 원래 10을 할 수 있으면 이때는 비몽사몽으로 3~4밖에 못 한다는 이야기예요. 그래서 저는 전략적으로 쪽잠을 잘 활용했습니다. 시간을 10분, 20분 쪼개서 자는 자투리 잠입니다. 그럼 머리가 개운해져요. 그 상태로 다시 공부에 주력합니다. 이런 식으로 저는 집에서 4시간 반, 밖에서 총 1시간 정도 잔 것 같아요. 그럼 총 5시간 반을 잤지만 집에서 통으로 6시간 자고 안 쉬고 공부를 쭉 하는 친구들보다 훨씬 능률이 좋았다고 자부합니다.

원래 반 1등이었던 친구는 고지식하게 그냥 오래 앉아 있더군요. 좀비처럼 흐리멍덩해 보이는 순간도 목격됐지만 그냥 버티더군요. 차라리 그 시간에 저처럼 자투리 잠이나 휴식으로 에너지를 보충했으면 더 좋았을 겁니다. 아마 비몽사몽 상태로 낭비되는 시간이 꽤 있었을 거예요.

제 사례처럼 15시간이라는 공부 시간을 질적으로 잘 보내려면, 쪽잠을 활용하면 좋습니다. 단 한 번에 10~20분 정도만 자세요. 더 오래 자게 되면 오히려 깨고 나서 머리가 멍해집니다. 즉 깊은 수면에 빠져들기 직전까지 가볍게 자야 합니다. 알람을 맞추거나 주변 친구한테 깨워달라고 부탁해야 합니다. 어차피 학교에서는 쉬는 시간 10분이나 점심시간에 밥 먹고 와서 그 시간을 잘 활용하면 좋습니다. 참고로 이때 익힌 수면법을 저는 지금도 유익하게 잘 써먹고 있어요. 일이 많아서 잠을 적게 자는 날에는 중간중간 쪽잠을 꼭 자두면서 컨디션을 유지합니다.

공부 장소와 수단에 변화를 줘라

공부 장소를 주기적으로 바꾸는 겁니다. 저는 학생 시절에 주말 기준 도서관에서는 아침 8시부터 밤 10시까지 공부했습니다. 그런데 한 자리에서만 공부하면 질리더군요. 그래서 일부러 칸막이로 된 좌석에서 공부하다가 조금 집중력이 떨어지는 시점에는 쉬는 게 아니라 개방 열람실로 가서 오픈된 좌석에서 공부를 했습니다. 즉 두 좌석을 오가면서 공부했어요. 그렇게 환경의 변화를 조금이라도 주면 집중력이 다시 회복됩니다.

공부하는 수단을 다양하게 활용하는 것도 도움이 됩니다. 하루 15시간을 공부한다고 했을 때 고지식하게 한 자리에서 한 과목을 오래 붙들고 있는 모습을 상상하지 마세요. 유연한 태도로 공부해야 합니다. 눈으로 글을 읽다가 서서히 집중력이 떨어지면 손으로 문제를 푸는 수학을 공부하고, 중간에 청각으로 듣는 영어듣기도 하고요. 교재만 풀기 지겨울 때는 인강도 들어보는 식으로 다양한 방법을 동원하면서 공부해야 합니다. 그리고 15시간 내내 긴장 없이 공부하는 것보다는 일정한 시간에 시간을 재면서 미니 모의고사 보는 식으로 약간의 긴장을 주는 게 좋습니다. 유연하게 여러 공부 방식을 섞어서 해야 공부를 오래 할 수 있어요.

중요한 것은 오래 공부하기 위해서는 집중력이 떨어지기 전에 변화를 줘야 한다는 겁니다. 집중 에너지가 고갈되기 전에 과목을 바꾸든, 공부하는 장소를 바꾸든, 잠시 휴식을 취하든 억지로 버티는 게 아니라 유연하게 대처해야 돼요. 새로운 과목을 하거나 새로운 장소로 바꿔서 공부하는 등 신선한 자극을 주면 집중 에너지는 금세 회복됩니다. 억지로 버티는 게 아니라 변화를 주어 공부를 자연스럽게 하는 게 최선입니다. 또한 중간중간 공부하기 싫거나 피곤할 때는 평상시 책상에서 많이 하는 작업과 별개인 일을 하면 좋습니다. 저는 공부하기 싫을 때는 국어 공부 차원으로 신문을 읽거나 독서도 했습니다. 이렇게 글을 접해본 게 국어 과목에도 도움이 되었습니다. 독서는 기분 전환과 집중력 회복에도 좋은 영향을 끼쳤습니다.

매일 공부 루틴 만들기

주요 과목 공부는 매일

각성자 모드로 공부할 때는 매일 공부를 해야 합니다. 예외는 없습니다. 매일 공부하세요. 각성자 모드로 공부하는 동안 노는 것을 통한 보상은 없습니다. 공부의 성과 자체가 보상입니다. 높은 점수와 높은 등수가 보상입니다.

공부를 못하는 친구들의 사례를 들어볼게요. 내일은 국어 학원이 있으니 오늘은 국어 과제 위주로 몰아서 합니다. 그래서 다른 과목 공부를 별로 못 하거나 아예 건너뛰어요. 다음 날은 수학 과제를 벼락치기 합니다. 이런 식으로 과목마다 몰아서 벼락치기 하는 것은 효과가 좋지 않아요. 제가 강조했던 벼락치기는 전 과목 대상입니다.

만약 수능 수험생이라면 주요 과목인 국수영은 무조건 매일매일 해야 합니다. 쉬는 간격이 넓을수록 그 과목에 대한 감이 떨어집니다. 그리고 수능 수험생이 아닌 중3~고2 학생이라면 국수영 전부는 아니어도 잘하고 싶은 과목 하나만은 매일 하세요. 매일 해야 가속이 더 붙습니다. 빨리 오르고 싶은 과목이 있으면 매일 해야 합니다. 과목 공부를 하루 쉬면 그 과목의 이틀치 지식과 이해가 사라진다고 생각하세요. 완벽한 실력을 가진 친구를 제외하고 대부분은 하루를 쉬면 그 과목에 대한 감각과 직관력이 조금씩 떨어집니다. 만약 입시생이라면 매일 그 과목에 대해 연습하고 훈련하세요.

러시아의 유명한 피아니스트인 루빈스타인은 이런 말을 남겼습니다. "하루 연습하지 않으면 자기가 알고, 이틀 연습하지 않으면 동료가 알고, 사흘 연습하지 않으면 청중이 안다." 공부 또한 마찬가지입니다. 방심해서 쉬는 순간 실력은 금세 퇴보합니다. 잘하고 싶다면 매일 해야 합니다.

과목을 순환시켜라

공부의 효율을 높이려면 과목의 순환도 잘 활용해야 합니다. 두뇌가 질리지 않게끔 과목의 순환과 변경을 활용하는 것입니다. 우리 두뇌는 변덕이 심해요. 뭔가에 질리면 그다음부터 효율이 급격히 떨어집니다. 대신 좋아하는 일이나 흥미 가는 대상에는 능률이 좋아집니다. 효율을 유지하기 위해, 공부하는 과목을 주기적으로 바꿔야 합니다.

만약 15시간 공부 중 수학에만 8시간을 투자한다고 해 보죠. 그러면 8시간을 하는 동안 효율도 떨어지고 금세 지치고 수학에 질립니다. 끊어서 전략적으로 분배해야 합니다. 가령 시간 분배가 국어 2시간, 수학 8시간, 영어 2시간, 탐구 3시간이라고 가정해보죠. 저는 각 과목 시간을 쪼개서 분배했어요. 문학 1시간, 비문학 1시간에 영어독해 1시간, 영어단어 암기 30분씩 2회와 수학 2시간씩 4회, 탐구 과목 1시간 반씩 2회 이런 식으로 시간을 더 쪼개서 배분했습니다. 수학을 제외한 과목 사이에 일부러 수학 공부를 집어넣었어요. 대신 정해진 시간에 집착하지 않았어요. 가령 지금 집중이 잘되어서 더 하고 싶은 과목은 조금 더 투자하고, 지금 집중이 덜 되는 과목은 조금 더 일찍 끝낸 뒤 다른 공부를 하다가 다시 집중력이 회복되었을 때 보충했습니다.

즉 기계적인 시간표를 따르지 않았습니다. 대신 일정 시간대에 루틴이 되어 있는 과목만 철저하게 그 시간에 공부했습니다.

본인의 리듬에 맞춰 요령껏 과목을 쪼개 시간을 분배해야 합니다. 과목마다 몰아서 하면 시간 대비 효율이 좋지 않아요. 두뇌가 더 쉽게 지칠 뿐입니다. 적당히 중간중간 리프레쉬할 수 있게 유연하게 과목을 전환할 수 있어야 합니다. 지칠 때까지 힘을 쏟아부으면 다음 과목 공부할 때 힘들어요. 지치기 전에 과목을 순환시켜야 합니다.

상우라는 고3 학생이 있어요. 일어나자마자 시간을 아끼기 위해 아침을 허겁지겁 먹고 급하게 학교 갈 채비를 마칩니다. 학교로 향하는 버스를 기다리면서 정류장에서 영단어 포켓북을 꺼내 눈으로 외웁니다. 버스를 타고 가는 동안 마저 영단어를 봅니다. 일부러 학교에 일찍 도착해서, 친구들이 없는 조용한 틈을 타 국어 비문학 몇 지문을 풉니다. 이제 서서히 친구들이 등교해서 시끄러운 동안에는 수학 문제 풀이로 갈아탑니다. 특히 수학은 손을 쓰면서 풀기 때문에 주로 눈으로 문제를 푸는 국어, 영어보다는 덜 졸리는 과목입니다. 주변이 산만해도 집중하기 좋은 과목입니다. 그래서 상우는 친구들의 소리로 시끄러운 와중에 수학 문제를 풀면서 잠을 깹니다. 상우가 다니는 학교는 정시 위주라서 고3 기준으로는 수업시간에 자습이 허용됨니다. 고3인 상우는 주로 자습 위주로 공부를 합니다. 학교 수업을 잘 활용해서 50분 단위로 공부를 바꿉니다. 국어 문학 작품을 50분 공부한 뒤 쉬는 시간 10분간은 산만한 분위기 때문에 일부러 영단어를 조금 더 외우거나 수학 두세 문제를 풉니다. 2, 3교시 수업과 그 사이 쉬는 시간에는 수학을 몰아서 2시간을 풉니다. 이어서 다음 교시에는 생명과학을 50분 정도 공부했습니다.

이제 점심을 먹고 잠시 토막잠을 잡니다. 전날 밤잠을 5시간 잤기 때문입니다. 상우는 15분씩 쪽잠을 하루 네 번 정도 나눠서 자면서 피로를 중간중간 풀곤 합니다. 약간의 낮잠을 자고 일어난 뒤 수학 문제를 다시 풉니다. 배부른 상태에다 점심시간의 시끌벅적한 상황에서는 국어, 영어 등 언어계열의 지문은 눈에 잘 들어오지 않습니다. 그렇게 수학을 2시간 정도 공부한 후 생명과학을 1시간 동안 문제를 풀었습니다. 여기까지 8시간을 공부했는데 아직 오후 4시밖에 되지 않았습니다.

다른 평범한 노력을 하는 고3 친구는 보통 하루에 순공 시간이 6~8시간 정도입니다. 상우는 방과 후 바로 독서실로 향합니다. 몇몇 친구는 집에서 저녁을 먹은 뒤 독서실에 가겠다고 집으로 갑니다. 그리고 저녁을 먹고 집에서 오래 쉬다가 한참 뒤에 독서실에 갑니다. 상우는 그런 우를 범하지 않기 위해 일부러 하교 후 바로 독서실로 가는 루틴이 있습니다. 공부를 조금 더 하다가 독서실 인근에서 식사를 마친 뒤 휴식 없이 바로 들어오는 계획입니다.

버스를 타고 독서실까지 15분을 가는데 버스를 기다리고, 타고 이동하는 시간 모두 영단어를 외웁니다. 독서실에 도착하면 이어서 바로 수학 문제를 1시간 더 풉니다. 5시 반쯤에 독서실 근처에서 저녁을 사 먹습니다. 그 시간에도 영단어를 눈으로 외웁니다. 상우는 일부러 식사하기 편한 비빔밥 위주로 시켜 먹습니다. 그리고 독서실로 와서 엎드려서 쪽잠을 15~20분 정도 잡니다. 팔이 저려 다시 깨어난 뒤 지구과학을 공부합니다. 지구과학 1시간을 공부한 뒤 본격적으로 언어 계열 공부에 들어갑니다. 상우는 학교에서는 국어와 영어 지문에 집중이 잘 안 된다고 합니다. 수업시간에 자습이 허용된다고 하지만 글에 집중해서 문제를 푸는 과정에 100% 몰입하기에는 부담이 된다고 해요. 그래서 일부러 학교 내의 공부는 수학, 과탐 공부와 영단어 암기, 문학 작품 공부에 치중합니다. 대신 독서실에서 온전한 혼자만의 시간을 갖게 될 때는 국어와 영어 과목에 더 투자합니다. 국어 비문학, 문학, 영어 지문 풀이를 연달아 하지 않고 틈마다 수학을 배치해서 과목을 뒤섞어서 공부합니다. 그게 능률이 좋다는 것을 알고 있지요.

상우의 공부 루틴 예시처럼, 중요한 것은 과목의 순환입니다. 한 과목에 너무 질리지 않게 적당히 과목을 섞어서 공부해야 효율을 높이며 오래 공부할 수 있습니다. 상우처럼 양질의 공부를 한다면 노베이스에서 시작하더라도 1년 안에 최상위권으로 공부를 마칠 수 있습니다.

무조건 반복 학습

제가 아이들을 가르칠 때마다, 첫 번째 마주치면 확인하는 사실이 있어요. 우선 그동안 공부해왔던 습관을 점검합니다. 직접 말로 전해 듣는 것도 있지만 여태까지 풀어왔던 교재를 한번 확인해봅니다. 그러면서 책에 풀었는지, 채점을 어떤 방식으로 하는지 확인하지요.

고3 때 하루 평균 13시간 정도 공부를 하는 반 친구가 있었어요. 그런데 그 친구를 보고 성적은 공부량에 비례하지 않는다는 사실을 알게 되었어요. 매일 13시간씩 하고도 그 친구는 성적이 거의 멈춰 있더군요. 특히 수학을 못하던 친구인데 매일 수학을 하고도 계속 3~4등급 고정입니다. 그 이유가 궁금해서 그 친구의 공부 패턴을 파악해봤습니다.

살펴보니 그 친구는 책을 한 권 끝까지 풀면 그 책을 버리고 또 다른 새로운 책을 구입해서 풀더군요. 제 상식으로 이해가 안 되었습니다. 첫 번째 책에서 60프로는 맞고 40프로는 틀리더군요. 그럼 제 기준에서는 남은 오답 40프로를 어떻게든 메우고 다음 책으로 넘어가야 합니다. 그 친구는 맞든 틀리든 일단 한 바퀴 교재를 돌리면 그 교재를 끝냈다고 생각하나 봐요. 그런데 그다음 책도 똑같은 과정을 반복하더군요. 첫 번째 책에서 오답 정리를 잘 안 하고, 무엇보다 반복독을 안 하니 여전히 다음 교재에서도 비슷한 문제와 유형을 틀립니다. 당연히 오답 정리는 틀리는 순간에 하긴 하겠죠. 하지만 고작 한 번 정리한 지식은 금방 휘발되고 맙니다. 그 친구는 자신을 과신하는 건지, 공부법을 몰라서 그런 건지 무작정 앞만 보고 달리더군요. 아마 수학책을 꽤나 풀었을 겁니다. 하지만 첫 번째 책이나 마지막에 본 책이나 정답률은 아마 비슷할 듯합니다. 맞는 문제는 여전히 맞고, 틀린 문제는 변함없이 틀리니 말이죠. 공부하고도 효과를 못 보니 얼마나 우둔한 방법일까요? 그냥 열심히 한다고 공부를 제대로 하고 있는 게 아니에요. 효율을 생각해서 공부를 해야 합니다.

그 친구가 했던 1회독 공부는 단지 본인이 무엇을 맞고, 무엇을 틀렸는지 확인만 할 뿐 시간만 헛되이 낭비한 셈입니다. 발전이 있으려면 틀리는 문제, 본인의 약점에 주력해야 합니다.

반복 학습이 공부의 왕도이자 진리입니다. 맞은 문제도 방심 없이 또 풀어야 합니다. 상위권이 되면 맞은 문제는 건너뛰어도 되지만 하위권~중위권까지는 완벽하지 않은 실력 탓에 맞은 문제도 다시 점검해야 합니다. 예전에 알았다고 생각한 것을 금세 잊고, 맞았던 문제도 종종 틀리곤 합니다. 당연히 틀린 문제는 더 자주, 더 많이 반복해서 풀어야 합니다. 저 같은 경우는 문제집에 틀린 문제가 있는 페이지에 스티커를 붙여놓고 완벽해질 때까지 일부러 매일 찾아와서 풀어보곤 했어요. 즉 오답에 대한 접근성을 높이고, 반복성을 늘려야 합니다.

무조건 철저한 복습이 원칙입니다. 비중은 진도 및 예습 80, 복습 20 이렇게 설계하세요. 복습 주기가 길수록, 복습 횟수가 적을수록 망각률이 올라가요. 의도적으로, 틀린 것은 자주 찾아와서 봐야 합니다. 저는 전날 틀린 것을 다시 풀어보곤 했습니다.

오답이 발생하면 첫 번째 즉시 해설을 참고하든 수업을 듣든 남에게 질문을 하든 바로 해결하세요. 외부적 도움이 개입될 수밖에 없는데 이는 본인 스스로 깨달은 게 아니기 때문에 일시적인 배움에 불과합니다. 완벽하지 않기 때문에 되풀이하면서 흡수를 해야 합니다. 비록 시작은 외부적인 도움이지만 반복해서 풀다 보면 결국 그 또한 나의 실력이 됩니다. 가끔 주변에서 해설지를 보지 말라고 조언할 거예요. 무시해야 합니다. 해설을 참고하고, 그 해설을 곱씹어보며 고민하는 게 중요합니다. 해설 참고 없이 막연하게 고민만 하는, 실마리 없는 고민은 결국 공부가 아니에요.

저는 과제를 낼 때 일부러 아이들이 틀렸거나 약한 파트 위주로 선별해서 자꾸 반복을 시킵니다. 풀고 추후에 또 풉니다. 이렇게 훈련을 해야 약한 부분이 단단해집니다. 맞은 파트도 기출 확률이 높다면 재반복을 시킵니다.

1회독은 없어요. 무조건 교재는 N회독 반복입니다. 이 N의 수치는 여러분의 실력과 교재의 난이도에 따라 달라집니다. 언제까지 반복을 하느냐 하면 그 교재에서 최소 90%까지는 혼자서 다 풀 수 있을 때까지 보는 겁니다. 어쩔 수 없는 10%는 실력을 더 키운 후에 돌아와서 재도전하기로 하고, 우선 90%부터 마스터해야 합니다. 즉 1독할 때 70%를 풀 수 있고, 2독할 때 80%, 3독할 때 90%까지 해결할 수 있으면 최소 3회독까지 하세요.

그리고 문제마다 푼 횟수가 달라야 합니다. 어려운 문제일수록 더 자주 풀어보세요. 그러기 위해서는 그 문제의 문항에 체크를 하고, 수록된 페이지에 스티커 또는 포스트잇을 붙여놓는 센스가 필요하겠죠? 재정리를 해야 할 문제를 쉽게 발견하고 접근성을 높이기 위해서 말이죠. 그런 식으로 완벽하게 풀릴 때까지 반복하세요.

반복독을 해야 하니 책에다 문제를 풀지 마세요. 수학 과목이라면 연습장에 풀고 책에는 정, 오답 체크만 하세요. 단 파이널 교재, 실전모의고사는 당연히 실전 훈련을 위해 시험지 위에다 풀어야 합니다.

만약 정답이 체크되어 있거나 풀이 과정이 교재에 적혀 있다면 반복독의 의미가 떨어집니다. 다시 풀려고 들춰 봤는데 이미 눈에 정답이 들어오거나 풀이 과정이 보이면, 그 힌트 때문에 사고 과정이 필요 없어집니다. 더 나아가 이미 잘 알고 있는 사실이라고 착각을 하기도 합니다.

언제까지 이런 행위를 반복해야 할까요? 단지 맞기만 하는 게 아니라 오롯이 이해했다고 확신이 들 때까지 해야 합니다. 문제의 답을 친구에게 설명으로 납득시킬 수 있을 때까지가 기준점이 됩니다. 남을 이해시킬 수 있어야 진정으로 알고 있는 겁니다. 설명으로 구체화할 수 없는 것은 완벽히 알고 있는 게 아닙니다.

반복 학습을 위한 채점 방식

채점 방식은 어떻게 해야 할까요? 제가 학생 때부터 해 왔고, 지금 가르치는 제자들에게도 습관화시키는 방식입니다.

○(동그라미) 동그라미는 완벽히 맞은 문제에만 체크합니다. 언제 풀든 매번 맞을 수 있겠다고 확신이 있는 문제입니다. 구구단만큼 자명하게 쉬운 문제이지요. 다시 안 풀어도 될 것 같은 문제입니다.

△(세모) 맞긴 맞았는데 애매모호하게 맞은 문제입니다. 막연한 감으로 맞았거나 어렵게 고생해서 맞은 문제입니다. 즉 추후에 다시 풀어야 합니다. 동그라미로 전환될 때까지 반복해야 합니다.

∨(땡) 틀린 문제입니다. 풀다가 틀렸든, 실수로 틀렸든 틀렸으면 ∨로 채점해야 합니다. 이 문제 역시 당연히 동그라미 나올 때까지 반복해야 합니다.

×(엑스) 땡과 조금 다릅니다. 틀리긴 했는데 애초에 아예 손을 못 댄 문제이지요. 즉 아예 접근조차 못한 문제예요.

☆(별) 대개 아이들은 모르는 문제도 별, 중요한 문제도 별을 치곤 합니다. 확실히 구분해야 합니다. 아예 모르는 문제는 엑스를 치세요. 중요한 문제, 즉 기출 빈도가 높거나 출제확률이 높은 문제는 별표로 따로 치세요. 이건 학생 본인이 잘 모를 겁니다. 학교 선생님이나 학원 선생님, 인강 선생님이 이에 대해서 잘 말씀해주실 테니 잘 듣고 관련 문항과 유형에 별표를 체크해두면 됩니다.

이렇게 꼼꼼히 채점을 한 뒤, 세모와 땡, 엑스 위주로 공부를 반복합니다. 며칠 간격으로 찾아와서 메워줘야 합니다. 며칠 전에 틀린 문제를 또 풀라고 권하는 거예요. 엑스를 쳤던 게 이번에 다시 풀면서 맞긴 맞았는데 고생하면서 맞았다면 이미 쳐져 있는 엑스 옆에 세모를 표시하면 됩니다. 그리고 세모였던 문제가 여전히 애매하게 맞았다면 여전히 세모를, 확실한 근거로 자신감 있게 맞았으면 동그라미를 옆에다가 이어서 치세요.

이 모든 과정은 다소 주관적입니다. 내가 확실하게 잘 풀었는지, 쉽게 풀었는지 오롯이 본인이 판단해서 채점해야 합니다. 양심껏 말이죠. 맞긴 맞았는데 동그라미인지 세모인지 헷갈리면 세모를 치면 됩니다.

3~8등급 정도의 중위권~최하위권 실력이라면 동그라미 나온 문제도 반복해서 푸세요. 어중간한 실력이라면 맞은 문제도 자주 틀립니다. 반복해서 더 완벽하게 숙련시켜야 할 위치입니다. 반면에 1~2등급 정도라면 적당히 동그라미 문제 중에서 심화 문제만 골라서 다른 오답과 함께 종종 풀어주세요. 즉 실력이 부족한 친구는 동그라미도 가급적 풀어주세요. 실력이 좋은 친구는 동그라미 중에서 고난도만 골라서 푸세요. 그 외 세모와 틀린 문제와 엑스가 나온 문제는 무조건 동그라미가 나올 때까지 반복하세요.

이런 식으로 공부를 하다가 거의 모든 문제가 동그라미가 나온다면 그 문제집을 졸업해도 됩니다. 그래도 간혹 한두 문제 킬러급의 문제가 있을 테니 단기간에 해치우기 어려운 최고난도 문제를 제외하기로 하죠. 그렇다면 90% 정도는 동그라미가 채워져야 그 문제집을 어느 정도 뗐다고 말할 수 있어요. 200문제가 있는 문제집이면 적어도 180문제를 깨우칠 때까지입니다.

이렇게 공부하는 친구와 대충 한 번 보고 다음 교재로 넘어가는 친구를 비교하면 누가 이길까요? 전자는 한 권을 5번 반복하고, 후자는 3권의 교재를 각각 한 번씩 봤다고 치죠. 이와 같은 상황이면 무조건 전자가 유리합니다. 제가 권유하는 채점 방식을 터득해서 공부에 적용해보길 강력 추천합니다.

복습 루틴 만들기

첫째, 당일에 수시로 그날 공부한 것을 살펴봐야 합니다. 틈날 때마다 백지복습으로, 오늘 공부했던 내용을 회상하고 상기시켜봐야 합니다. 수업 시간에 들었던 내용이나 풀었던 교재의 문제를 반추해보면서 어떤 내용이고, 어떠한 과정으로 풀었고, 어떤 점을 배웠는지 머릿속으로 시뮬레이션해보는 거예요. 걸어 다니면서도 할 수 있고, 식사 중에도 교재 없이 머리를 굴리면서 할 수 있습니다. 저는 고3 때 걸어 다니면서 그날 풀었던 어려운 수학 문제의 풀이 과정을 다시 되짚어보곤 했어요. 그렇게 하기 위해서는 몇몇 주요 문제를 머릿속에 저장해야 합니다. 즉 어느 정도 암기를 해야 하는 셈이죠. 그런데 관심을 갖고 호기심을 품으면 억지로 안 외워도 일정 부분까지는 저절로 기억이 돼요. 그리고 쉬는 시간 같은 자투리 시간마다 복습 위주로 그날 학습을 점검하는 게 좋습니다. 그러기 위해서는 과목마다 서브 노트를 작성하는 게 좋아요. 요점 정리된 것을 가볍게 쓱 훑어보면서 지식을 다시 살펴보기 좋게 말이죠.

둘째, 전날 공부했던 내용 중 굵직한 줄기와 오답 위주로 몇 가지 선별해서 복습을 합니다. 전날 학습한 것을 다 복습하기 힘드니 어려운 내용 위주로 골라서 살펴보고 시작하는 겁니다. 저는 고3 영어 공부를 할 때, 전날에 풀었던 여섯 지문을 다시 읽고 새로운 지문을 공부했습니다. 어차피 어제 공부했던 지문이기 때문에 재독하고 이해하는 데 얼마 안 걸립니다. 그리고 오늘 공부한 새로운 여섯 지문은 역시 내일 또 반복해서 공부하는 거지요.

그리고 수학은 틀렸던 문제 중에서 유난히 어려웠던 문제가 있던 페이지에 스티커와 포스트잇을 붙여놓고 주기적으로 그

부분을 찾아가서 복습하곤 했습니다. 즉 공부 시간에 일정 시간을 떼어 일부러 복습에 투자하세요.

셋째, 복습이 필요하다고 느끼는 부분을 습관적으로 매번 체크해야 합니다. 여러분도 공부를 하다 보면 직감하게 돼요. '아, 이 부분은 공부를 다시 안 하면 까먹겠구나.' 이런 문제 또는 개념에 적혀 있는 페이지를 접어두거나 스티커를 붙여놓고서는 꼭 다시 찾아와서 재학습해야 합니다. 쉬운 부분은 가볍게 눈으로 훑어보고, 과거에 학습했을 때 이해하는 데 시간이 걸렸거나 어려운 부분 위주로 집중적으로 공략해야 돼요. 그러기 위해서는 미리미리 공부하는 도중에 복습할 대상에 표시를 해둬야 합니다.

이렇듯 복습은 반드시 필요하고 중요하지만 복습에 대한 지나친 완벽주의는 경계하세요. 복습에만 치우치다 보면 새로운 내용을 익히는 데 시간이 걸리고 진도 나가는 게 느릴 수 있어요. 대책은 첫째 전체 공부량을 늘려서 새로운 학습과 복습 모두 추구하고, 둘째 복습할 대상을 미리 구상해두고, 선별된 내용 위주로 반복하는 겁니다.

요점 노트와 실수 노트

노트 정리를 꼭 해야 합니다. 노트는 외부의 뇌입니다. 우리 뇌를 과신하지 말고 외부의 뇌를 활용해보세요. 알아야 할 지식을 노트에 정리해서 자꾸 챙겨봐야 합니다. 과목마다 주요 뼈대가 되는 지식이 있습니다. 그 요점을 노트에 필기하는 겁니다. 오답 노트는 필요 없어요. 오답 노트 대신 '요점 노트'와 '실수 노트'를 정리하세요. 즉 문제를 풀다가 내가 착각한 요인과 내가 알아야 할 포인트를 정리하세요.

수학이라면 내가 자꾸 까먹는 공식을 수학 노트에 적어두세요. 종종 하는 실수도 필기해두세요. 문제 풀다가 막혔을 때, 그 문제를 오답 노트에 옮기는 게 아니라 그 문제에 쓰인 키포인트, 해법, 발상, 아이디어를 찾아 노트에 정리해두세요. 노트에 너무 힘을 빼앗기지 않게 요점 위주로 정리를 하라는 겁니다. 영어는 모르는 단어, 구문, 숙어가 나올 때마다 필기해두세요. 사탐과 과탐도 마찬가지입니다. 틀렸거나 모르는 부분을 노트에 옮겨 정리하세요. 노트 정리의 목적은 약한 부분에 대한 쉬운 접근성과 반복 학습을 위함인데 기록해두고 보지 않으면 의미가 없습니다. 필기하고 수시로 복습해야 합니다.

오답 노트보다는 약점 노트 위주로 정리하세요. 수학이라면 미처 생각하지 못했던 포인트를 서브 노트를 만들어서 정리해 봐요. 그리고 문제를 풀다 보면 알고 있는 사실이지만 자꾸 실수하는 계산이나 착각하는 요소도 보일 겁니다. 그런 대상도 노트에다가 따로 필기해두세요. 그래서 주기적으로 자꾸 보면서 뇌리에 각인시키세요.

기출 중심적인 공부

무조건 평가원 기출 위주로 공부해야 합니다. 특히 수능과 모의평가는 국가에서 주관하며 1년에 총 3번의 시험을 봅니다. 학문의 대가인 교수님들이 문제를 고심하면서 만드시는데 시중 문제집보다 문제의 품질이 압도적으로 좋습니다. 게다가 수능 기출을 공부해야 출제 방향과 기출 경향성을 확인할 수 있습니다. 기출은 과목마다 꼭 풀어야 합니다. 대개 과목마다 기본서(개념서)+기출문제집+보충교재 이런 식으로 묶어서 공부하면 됩니다.

과목마다 기본서 또는 개념서를 담당하는 교재들이 있습니다. 대개 실력이 부족하거나 갓 공부를 시작하는 학생들의 일반적인 커리큘럼은 이와 같습니다. 기본서부터 여러 번 파고들면서 반년~일 년간 공부하고, 그 이후에 일반 문제집을 본 다음에 후순위로 기출문제집을 보는 식입니다. 수능 기출문제가 마지막 입시 과정에 등장하는 최종 시험이다 보니 마음속으로 최종 보스 같은 느낌으로 공부를 나중으로 미루는 경향이 있더군요.

그러면 안 됩니다. 처음부터 많이 틀리고 자주 막혀도 되니 기출을 초반부터 병행해야 합니다. 수능 기출에 기죽을 필요가 없어요. 대신 전략적으로 임해야 합니다. 내 실력에 맞춰 단원별로, 유형별로 공부해야 합니다.

선택한 기본서 또는 문제집만 집중적으로 푸는 경향이 있어요. 기출문제집을 빠뜨리지 마세요. 시중에 기출문제집의 종류가 많아요. 나는 초보자니깐 얄팍한 거 골라야지 생각하지 말고, 여러 연도가 묶인 문제집을 사세요. 오히려 얇은 문제집일수록 쉬운 문제가 적고, 반대로 두꺼운 교재일수록 난이도가 상중하 골고루 있을 뿐만 아니라 쉬운 문제도 많이 배치되어 있어요. 구체적으로 어떤 교재를 보고 싶은지 알고 싶으면 제 블로그에 질문하면 알려드리겠습니다. 그렇게 기출 교재를 선정한 뒤 개념을 공부하고, 개념서/기본서의 문제집을 풀고 기출문제집에서 2~3점짜리만 우선 골라서 푸는 겁니다. 대략적으로 이해한 뒤 문제를 풀면서 그 이해를 다듬어나가는 거예요. 개념을 익히면서 동시에 기출까지 병행해야 합니다.

기출문제를 일찍 권하는 이유는 기출만의 고유한 논리를 일찍 익혀야 하기 때문입니다. 특히 수능 기출과 일반 문제집 사이는 조금 괴리가 있어요. 내신문제집에 가까울수록 수능과 유형의 종류나 문제의 접근법이 조금씩 다릅니다. 내신을 준비하는 학생이라면 학교 내신교재와 비슷한 것을 많이 풀면 됩니다. 하지만 수능을 준비하는 경우라면 실력이 떨어져도 수능 기출을 일찍 준비하세요. 수능 과목마다 준거틀이 있습니다. 국어는 국어만의 정답의 틀이 있어요. 수학은 수학만의 정형화된 기준이 있어요. 이건 기출을 많이, 자주, 일찍 접하면서 그 틀과 논리를 이해하고, 관련된 직관을 키워봐야 합니다.

교재 선정 방식

교재는 본인의 실력보다 10~20% 높은 것을 선정해야 합니다. 또는 더 높은 수준의 책을 고른 뒤에 그 교재에서 내 수준보다 조금 높은 문제만 선별해서 풀어도 좋아요, 대신 학생 스스로 문제를 선별할 안목이 부족하니 이와 같은 경우는 지도교사의 도움이 필요할지 모릅니다. 교재 수준이 너무 낮거나 본인의 실력과 비슷해서는 투자 대비 효율이 떨어져요. 그렇다고 큰 욕심으로 실력 대비 너무 높은 난도의 교재를 고르면 막히는 게 많아 학습 의욕이 오히려 떨어집니다. 일반적으로 교재마다 난이도에 대한 평이 있기 때문에 본인의 점수, 실력과 비교해서 신중하게 골라보세요.

인강도 마찬가지예요. 강사마다 커리큘럼이 체계적으로 잘 짜여 있으니 본인의 실력에 맞춰서 기초 강의를 들을지, 기출 강의를 들을지, 문제 풀이 강의를 들을지 심화개념 강의를 들을지 판단해봐야 합니다. 무작정 남들이 좋다는 것을 따라 공부해서는 안 돼요. 그리고 최상위권이 보는 것을 마냥 추종해서도 안 돼요. 단계마다 공부 방법이나 봐야 할 교재가 다릅니다. 저학년이면 교재 하나씩 보는 게 낫지만 수능을 준비하는 학년이면 교재를 여러 권 병행해서 보는 게 좋습니다. 개념용 하나, 수능 기출용 하나, 문제 풀이용 하나 이런 식으로 말이죠.

문제 개수, 시간으로 계획하기

공부 계획은 유연하게 세워야 합니다. 저는 일부러 구체적인 공부량과 공부 시간 두 가지로 나누어서 계획을 세웠습니다.

가령 국어는 비문학 5지문, 문학 3지문, 현대시 3작품 감상,

고전시가 30분 공부 이렇게 계획을 세웠어요. 왜 고전시가만 시간으로 분량을 정했을까요. 그 이유는 고전시가에서 가사와 시조 등은 분량이 다릅니다. 현대시는 어떤 작품을 보든 웬만해서는 시의 분량이 비슷합니다. 즉 3작품을 감상하고 공부한다면 매번 걸리는 시간은 엇비슷하고 어느 정도 걸릴지 예측이 가능해요. 하지만 고전시가는 막연하게 5작품 공부하기가 목표가 된다면 시조만 보는 날은 10분이 채 안 걸릴 수 있어요. 하지만 분량이 긴 가사를 보게 된다면 1시간도 넘을 겁니다. 그래서 고전시가를 유연하게 30분 공부하기 이런 식으로 시간 단위로 계획을 세웠습니다.

영어도 하루에 영어지문 6개 공부하기와 영어단어 100개 이상 외우기, 하루 30분 영어듣기 이런 식으로 계획을 세울 수 있습니다.

수학은 구체적인 문제 수보다는 시간 분량으로 계획을 세우는 게 좋아요. 만약 하루 50문제 풀기가 계획이라고 쳐봐요. 2점짜리만 풀면 20분이면 끝나는 분량입니다. 3점짜리만 골라서 푼다면 1시간 정도 걸릴 겁니다. 만약 4점 위주로 푼다면 3~4시간 걸릴 수 있어요. 준킬러 문제 위주로 푼다면 8시간도 걸릴 수 있어요. 만약 여기서 문제 개수로 계획을 세우면 쉬운 문제 위주로 그 분량을 채울 수 있다는 허점이 있어요. 그래서 차라리 수학은 하루에 N시간 공부하기로 계획하는 것을 권장합니다. 수학은 특히 개념 공부를 하는 시간도 꽤 차지하기 때문에 문제 개수로만 공부 계획을 세우기는 다소 부족합니다. 개념 공부하고, 고민하고, 문제 풀고 등의 시간을 다 포함하여 시간 단위로 계획을 세우는 게 좋아요.

즉 매일 일정량의 문제(또는 지문)를 풀 예정이고, 그 문제 수준이 큰 차이가 없는 데다가 걸리는 시간까지 예측할 수 있다면 문제 단위로 계획을 세우는 게 좋습니다. 하지만 문제마다 난이도가 많이 다르고 그 과목에서 단순한 문제 풀이와 별개로 개념 공부할 게 많다면 시간 단위로 계획을 세우는 게 합리적입니다. 매일 해야 할 기본 뼈대를 기준으로 먼저 세운 뒤 나머지는 유연하게 계획을 세우세요.

저는 고3 1년간 국수영 과목은 하루도 빠지지 않고 매일 공부했습니다. 그리고 과목마다 꼭 해야 하는 최소치를 정해놨어요. 즉 과목별로 해야 할 최소 분량+@ 이런 식으로 공부했어요. 빡빡하게 계획을 짜지 않았어요. 그리고 그 최소 분량을 채운 뒤에 남는 시간에는 하고 싶은 공부를 하는 식으로 했습니다.

암기를 좋아하라

공부에 대해서 이해를 많이 강조하고, 암기를 경시하는 경우가 종종 보입니다. 하지만 시험의 관점에서 암기의 비중은 이해 못지않게 큽니다. 암기 또한 제대로 활용해야 합니다.

저는 수포자였기 때문에 수학을 아주 못했습니다. 심지어 처음에는 강의도 안 듣고 독학을 했습니다. 개념부터 스스로 이해하는 데 상당한 노력이 필요했어요. 문제를 풀다가 막히는 부분도 많았고요. 그럼 제 대처 방법은 무엇이었을까요? 제게 주어진 기간은 불과 1년도 안 남았고, 한 문제를 수십 분간 고민할 시간조차 없었어요. 저는 벼락치기로 통념과 다른 방법을 선택했어요. 통념과 기존에 알려진 방법은 아무래도 한 문제를 꼼꼼하게 보고 고민을 오랫동안 하라고 권합니다. 고3 미만의 학년이면 좋은 방법이고, 시간이 많은 학생에게 유익한 방법입니다. 저는 개념 공부를 할 때는 시간을 투자해서 꼼꼼히 공부했지만 문제를 풀 때는 봐야 할 양이 많기 때문에 가급적 짧게 고민하고, 이해가 안 되고 안 풀리면 해설을 바로 참고했습니다. 여기서 만약 해설을 보고 고개만 끄덕이고 넘어갔으면 실력 향상이 없었을 거예요. 이해가 된 해설을 바탕으로 해설집을 덮고 다시 같은 문제를 풀었어요. 그 한 문제만 갖고는 안 되니 유사 문제를 찾아 풀었어요. 처음에는 풀이 과정을 암기하고 모방합니다. 이렇게 비슷한 유형을 계속 풀다 보면 감이 잡혀요. '아, 이런 식의 스타일과 이런 질문의 유형은 이런 방법으로 대처하면 되는구나.'를 점점 깨닫게 되지요. 그렇게 풀다 보니 인위적으로 익힌 방법이 자연스레 제 방법으로 내재화가 되더군요. 스스로 깨달은 게 아니지만 계속 적용하는 연습을 하다 보니 결국 내 것이 되는 겁니다. 꼭 스스로 깨달아야만 자기 것이 되는 게 아닙니다. 외부에서 이해를 빌려오고, 그 이해를 나의 것으로 만들 수 있어요.

저는 고3 때 수능과 내신 성적이 가파르게 오른 편인데, 무엇보다 암기를 잘 활용했어요. 수학은 어려운 문제의 풀이를 기억하려고 애썼습니다. 영어는 영단어를 매일 100개씩 외우니 실력이 많이 늘더군요. 국어는 가급적 많은 문학작품을 알아두려고 했어요. 평상시에 내신 공부를 안 해뒀기 때문에 내신 기간 2주간 벼락치기로 암기를 적극적으로 활용했습니다. 특히 내신은 시험 범위가 한정적이고, 출제자인 학교 선생님께서 무엇을 낼지 힌트를 주거나 관련된 자료를 나눠주는 경우가 있어요. 막판에 그런 것 중심으로 꽉꽉 암기했고, 결과는 고작 2주 벼락치기만으로도 고3 때 내신 성적이 제일 좋았습니다.

암기는 머리 싸움이 아니라 근성 싸움이에요. 그리고 습관의 문제입니다. 오늘도 외우고, 내일도 반복해야 합니다. 귀찮아 보이지만 주기적으로 복습하면서 기억을 유지 보존해나가야 돼요. 이해가 되는 문제도 외우세요. 더 나아가 이해가 안 되고 막히는 문제도 해설집 과정을 보고 암기하세요. 이해가 안 되는데 어떻게 암기할 수 있냐고 반문하는 소리가 들립니다. 괜찮아요. 그냥 그 절차를 따라 외우고 받아들이세요. 처음에는 막막하고 이해가 안 되어서 뭔 소리야 하는 풀이가 많을 겁니다. 조금 끈기를 갖고 기계적으로 따라 풀다 보면 이해가 되는 순간이 찾아옵니다. 이해한 뒤에 적용하는 게 아니라 적용하면서 이해해 가는 겁니다.

과목마다 암기를 하면 좋을 법한 내용이 있어요. 국어에서 비문학은 암기의 대상이 아닙니다. 하지만 다종다양한 문학 작품(현대시, 고전시가, 현대소설, 고전소설 등)은 기억하고 있으면 도움이 됩니다. 수학은 여러 유형에 대한 대처법과 많은 문제의 풀이법을 기억하면 좋아요. 영어는 영어단어를 많이 알수록 당연히 유리하지요. 영어단어를 샅샅이 암기하고, 동사(숙어)와 구문도 외우세요. 저는 고3 때 영단어만 만 개 이상 외웠습니다. 덕분에 28점으로 시작한 수능 영어 독해는 거의 안 틀리더군요. 거기에 영어는 꾸준히 매일 일정 분야의 지문만 꾸준히 풀면 거창한 수업을 듣지 않더라도 백지상태에서 2등급까지는 충분히 나옵니다. 그 이후부터는 1등급을 위해 조금 더 꼼꼼하고 정교하게 공부하면 됩니다.

착각하지 말아야 할 점은 이해를 경시하는 게 아닙니다. 이해력이 중요하지만 암기력과 동반되면 큰 효과를 발휘할 수 있어요. 이해와 암기를 함께 해나가되 만약 이해가 안 될 때는 암기라도 하자는 주장입니다. 우리가 준비하는 것은 시험이며 시험은 그 시험만의 고유한 틀이 있어요. 수능이면 수능, 내신이면 내신, 토익이면 토익, 고시라면 고시, 모든 시험마다 나름의 틀과 유형이 있어요. 형식이 정해져 있기 때문에 그 점을 공략해야 합니다. 그러하니 기출이 우선 중요할 수밖에 없어요. 최상위권까지 가기 위해서는 웬만한 기출 정도는 달달 외우고 있는 정도까지 가야 합니다.

성적대마다 공부 방법과 요령과 전략이 달라요. 암기를 잘 활용하면 성적은 상위권 문턱까지는 잘 올라갑니다. 암기는 다소 양적인 공부 방법입니다. 어느 순간 한계에 봉착하면 질적인 방법으로 전환하면 돼요. 암기는 이해와 별개가 아니에요. 암기를 통해 축적된 지식이 어느 순간에 이해로 전환됩니다. 암기를 좋아하세요. 암기는 우리의 무기가 될 겁니다.

이해가 되지 않더라도 일단 비슷한 대상들을 머릿속에 저장해두세요. 비유하자면 암기 저축입니다. 그렇게 저축해둔 암기는 쌓이고 쌓여 추후에 서로 결합된 채 어떤 이해를 불러일으킬 겁니다. 문제마다 패턴이 있기 마련이에요. 유형마다 나름의 방법들이 존재합니다. 패턴 또한 저축하세요. 기억하세요. 암기 저축, 패턴 저축!

문제가 안 풀릴 때는 해설을 봐라

문제가 안 풀릴 때는 진득하게, 풀릴 때까지 오랫동안 붙잡고 고민해보라는 조언을 해주는 사람 대부분은 최상위권, 고득점자들입니다. 이것은 과연 누구에게나 적용될 수 있는 방법일까요?

모르는 문제를 답과 해설을 보지 말고 스스로 풀어낼 때까지 도전해보라는 조언은 우선 최상위권 대상으로는 맞는 이야기입니다. 그들은 이미 기본기가 탄탄하고 웬만한 유형과 풀이를 습득한 수준입니다. 머릿속에 든 게 많은 친구들입니다. 그들에게 막히는 문제는 사고력 문제와 심화 문제이기 때문에 오래 끈질기게 고민을 하면 사고력이 더더욱 신장되는 상황을 맞이할 수 있지요. 고민하는 시간 자체가 낭비가 아닙니다. 그 고민을 통해 정답에 도달했든 아니든 사고력이 증진됩니다. 그 고민

끝에 정답이 도출될 때 느끼는 지적 희열과 흥분은 말로 설명할 수 없어요. 그런 재미가 있기 때문에 실력이 늘수록 공부가 흥미로워집니다.

하지만 하위권부터 중위권까지는 어떨까요? 이 실력대의 친구들은 고민을 더 해도 막힌 부분에서 더 나아가기 힘든 면이 강합니다. 때로는 고민 자체가 그저 시간 낭비일 때가 있는 겁니다. 즉 최상위권 친구는 고민을 하면서 여러 도구를 활용하는 훈련을 할 수 있지만 그 외 학생들은 쓸 수 있는 노하우와 활용할 수 있는 지식이 제약적이기 때문에 시간만 축내는 것이지요. 안 풀리는 문제를 너무 오래 붙잡고 늘어지지 마세요. 실력이 부족한 친구들 입장에서는 해설지 없이 고민하는 과정이 꼭 공부라고 말할 수는 없어요. 제자리에서 맴도는 맥없는 생각만 반복할 따름입니다.

답을 보지 말라, 해설을 보지 말라는 조언 때문에 해설집을 멀리하는 경우가 있어요. 결론을 말하자면 실력과 상황에 따라 다르다는 겁니다. 봐야 할 문제가 많고 익혀야 할 소재가 많은 학생들은 과감히 해설을 잘 활용하길 바랍니다.

앞서 말했든 제 경우도 11개월 만에 성과를 거둬야 하니 문제 하나하나 신중을 기하면서 오래 고민할 틈이 없었어요. 한 문제를 잡고 1분 이상 고민을 안 했습니다. 못하는 성적 기준으로, 1분 고민해도 안 되는 문제를 5분 더 잡고 고민한다고 풀리지 않습니다. 게다가 막히는 문제마다 고민을 오래 하면 진도를 거의 못 나가고 의욕도 떨어집니다. 이와 같은 경우는 차라리 속전속결이 낫습니다.

그리고 해설을 봐도 이해가 안 되는 문항은 표시를 해두었다가 실력이 조금 늘었다고 느낄 때마다 다시 돌아와서 재도전을 해주세요. 몇 번 그렇게 부딪히다 보면 갑자기 이해가 되고, 잘 풀릴 때가 찾아옵니다. 그 순간은 '아, 내가 그동안 실력이 늘었구나.'라는 기분 좋은 지적 짜릿함을 겪게 됩니다.

점점 실력이 늘다 보면 고난도 문제와 심화 문제를 접할 일이 생깁니다. 동시에 내 실력도 일취월장해서 모든 개념을 다 알고, 그 개념을 어떻게 활용하는지, 유형마다 어떻게 대응하는지 이제는 능숙한 상태가 됩니다. 풀이에 활용되는 도구와 스킬도 웬만해서 거의 다 알고 있습니다. 점수대는 1~2등급이라고 가정하죠. 여러 개념이 복합적으로 뒤섞인 문제를 풀고 있는 단계입니다. 이때는 그전보다 오래 붙잡고 고민할 만한 문제를 풀게 되는 겁니다. 고민 자체가 사유로 이어지는 셈입니다. 최상위권부터는 양보다는 질이 중요합니다. 특히 1등급 정도 되면 이제는 한 문제를 오래 붙잡고 고민할 만한 여력도 되고, 그런 과정이 질적인 실력 향상에 보탬이 됩니다.

답을 보지 말라는 배경에는 이런 의미도 있어요. 해설을 보고, 순간 이해했다고 싶어 그냥 넘어가기만 하는 경우가 대부분이죠. 그런 경우는 실력이 늘 일이 없어요. 해설이든 강의든 친구의 설명이든 남의 도움을 통해 얻은 것은 본질적으로 내가 깨닫고 이해한 게 아닙니다. 그러하기 때문에 스스로 해설 과정을 터득한 게 아니라면 반복해서라도, 인위적으로 그 해설의 흐름과 인과 과정을 본인의 것으로 만드는 작업을 해야 합니다. 한 번으로는 안 됩니다. 자주 반복하세요. 처음에는 해설 과정을 의식해서 풀었지만 다시 풀 때는 그 풀이 과정을 음미하면서 스스로 생각하면서 풀어보세요. 그리고 유사 문제를 꼭 풀면서 익혔던 방법을 적용하는 훈련을 해야 합니다. 대개 문제집마다 유사 문제끼리 묶어놓는 경우가 많습니다. 다른 문제를 통해 함께 적용하는 법을 연습해보세요.

그리고 학생들을 지도하면서 이에 대한 지침을 조금 유연하게 적용합니다. 고민하고 사색하는 것을 좋아하고 스스로 탐구하는 것을 선호하는 제자도 간혹 있어요. 이런 친구는 고민을 권장합니다. 하지만 어떻게든 시험 점수를 잘 따기 위해, 혹은 빠른 시일에 성적을 올리고 싶은 친구는 고민을 짧게 하는 대신 해설집을 잘 참고하고, 반복해서 여러 번 풀면서 그 지식을 흡수하라고 가르칩니다.

결론은 이렇습니다. 우선 풀어보려고 노력을 하는데, 시도 시간과 노력의 기준점을 정해두세요. 그리고 그 기준을 넘어서면 해설을 당당하게 참고하세요. 해설을 보는 데 죄책감을 가질 필요가 전혀 없습니다. 해설을 보는 게 문제가 아니라 이해했다고 착각한 뒤 재학습을 하지 않는 게 문제입니다. 스스로 깨닫는 게 왕도이지만, 그 신화에 갇혀 일부러 남의 도움(해설)을 피할 필요는 없습니다. 학문이 아니라 시험을 준비하기 때문에 효율성을 따지면서 공부를 해야 합니다.

수학은 5분 고민해도 잘 모르겠으면 바로 해설지를 참고하세요. 해설지 과정을 이해한 뒤 다시 처음부터 따라 풀면 됩니다. 대신 이것은 남의 과정을 모방한 것에 불과하니 틀렸다고 분명히 체크를 한 뒤 내일 다시 풀어봐야 합니다.

영어는 우선 지문을 읽은 뒤 그나마 해석된 문장을 통해 정답까지는 추론해보세요. 그리고 문제 채점을 한 뒤 해설지를 보고 지문의 한 문장씩 꼼꼼히 해석해 나가세요.

국어의 비문학과 문학 지문도 이해 안 되는 질문을 계속 붙잡지 말고 해설을 보면서 그 사고의 인과관계를 이해하고 곱씹어보세요.

자투리 시간의 공부 루틴을 만들어라

저는 아파도, 힘들어도, 지쳐도 읽고 생각하고 글을 씁니다. 컨디션이 안 좋아도 똑같이 일을 합니다. 의지의 힘보다는 습관의 힘이 강합니다. 예를 들면 독서는 20살 시절부터 제게 루틴이기 때문에, 어떤 악조건에 처하든 글을 무조건 읽게 됩니다. 과거에 군대 훈련소 있을 때는 읽을 게 필요했습니다. 책이 없는 훈련소에서 유일하게 활자가 담긴 국방일보를 꼼꼼히 탐독했습니다. 자대 배치 이후에는 책 450여 권을 읽고 전역했습니다. 의무적으로 했을까요? 힘들었을까요? 그냥 자연스럽게 읽게 되고, 별다른 노력이 안 들었습니다. 옆 동기는 쉬는 시간에 TV를 보고, 저는 곁에서 책을 읽었습니다. 그가 TV를 자연스럽게 보는 것처럼 제게는 독서가 자연스러운 행위일 뿐인 겁니다.

본인만의 공부 루틴을 만들어 보세요. 특히 자투리 시간에 관한 루틴을 만들어보세요. 저는 공부 자료가 없을 때 머릿속에서 암산하는 연습을 했습니다. 두 자릿수 곱하기 두 자릿수를 하거나 1, 2, 3을 순차적으로 더해나가는 게임을 했습니다. 지금 한번 해 볼래요? 우선 머리에서 1을 떠올리고 그다음에 2를 더한 3을 기억합니다. 그 뒤 3을 추가적으로 더한 6을 떠올리세요. 그다음은 4를 더한 10, 5를 더한 15, 6을 더한 21 등등 이런 식인데 당연히 쓰면서 계산하면 쉬운 계산입니다. 하지만 머릿속으로 빠르게 작업해보세요. 어느 순간부터 벅차고 갑자기 그전까지 더했던 숫자들이 생각 안 나서 헷갈리기도 합니다. 제 입장에서 암산력을 배양하고, 단기 기억력과 작업 기억을 키우기 위해 고안했던 방법입니다.

제 방법을 굳이 따라 할 필요는 없어요. 제 제자는 이 이야기를 듣더니 자기는 길을 가면서 자동차의 번호판 숫자를 보고 이리저리 조합하면서 계산을 한다고 합니다.

자신만의 백지 공부법을 만들어 보세요. 즉 책과 노트와 필기구 없이도 공부할 수 있는 거죠. 걸어가면서 오늘 했던 공부를 백지 복습해도 좋아요. 저는 교내 복도를 걸어가면서 방금까지 풀었던 수학 문제를 복기하곤 했습니다. 즉 남이 봤을 때 멍하게 보이는 순간에도, 우리 두뇌는 끊임없이 공부하고 작동할 수 있어요. 과부하가 걱정되겠죠? 하지만 익숙해지면 그렇게 큰 에너지 낭비가 없습니다.

학창 시절에 무식하다는 이야기를 장난스럽게 많이 듣곤 했지만 열심히 공부하니 확실히 두뇌가 많이 좋아지더군요. 딱 1년을 미친 듯이 공부하니 머리가 좋아졌어요.

가령 고2 때는 학교 과제로 영어 단어 20개를 다음 시간까지 외워오라고 하면 3시간 정도 외웠던 것 같아요. 그렇게 오래 걸린 이유는 그 시간 내내 집중하지 않아서 그런 것도 있고, 이와 별개로 외워도 자꾸 까먹는 게 커서 그러더군요. 아무래도 공부를 해 본 적이 없으니 방법도 잘 모르고, 뇌도 뒷받침이 안 되더군요. 하지만 고3 때는 하루에 영단어 100개씩 외웠습니다. 몇 개월을 그렇게 하니 능수능란해지고 더 빨라지더군요. 공부는 하면 할수록 능률이 좋아지고 우리 두뇌의 복합적인 기능인 주의집중력, 기억력, 사고력, 이해력 등이 다 향상됩니다.

루틴이 있으면 노력에 들이는 품도 점점 줄어들고, 그 반대로 점차 발전하기 쉽습니다. 습관이 설계되면 무의식 속에서 작동하므로 그 이전보다 의지력을 쓰지 않습니다. 즉 일상이 쉬워집니다. 루틴을 습관화해보세요.

심층 연습(Deep Practice)을 하자

『탤런트 코드』의 저자 대니얼 코일은 "속도를 늦추고 실수를 하면서 그 실수를 교정하는 의도적인 과정을 되풀이할수록 결국은 본인도 깨닫지 못하는 사이에 점점 더 민첩하고 우아한 스킬을 습득"한다고 주장합니다. 그리고 "혼자 힘으로 떠올리는 데 성공하면 그 정보는 우리의 기억에 깊이 새겨질 것이다. 더 심층적으로 파고들었기 때문"이라며 심층 연습을 강조합니다.

실수를 통해 배워야 합니다. 실수를 교정하고 극복해서 그것까지 우리의 실력으로 탈바꿈시켜야 하는 거죠.

적당히 많이 틀리는 교재를 푸세요. 100문제 중 30문제쯤은 틀려야 합니다. 그리고 틀리는 문제를 통해, 약점을 채워 나가야 합니다. 공부할 때는 맞는 문제를 통해 환희를 느끼는 게 아니라 틀리는 문제를 통해 승부욕과 더 알고 싶다, 더 배우고 싶다는 지적 욕구를 품어야 합니다. 앞서 처음에는 해설과 남의 도움을 통해 공부하라고 권했습니다. 어느 정도 실력이 상승해서 상위권 수준에 도달한다면 이제는 혼자 깨우쳐 가는 과정이 중요합니다.

막연한 연습이 중요한 게 아닙니다. 우리의 노력과 시간만 낭비할 수 있습니다. 철저하고 완벽한 연습을 계획해야 합니다. 그리고 그 연습을 집중하고 반복해야 합니다.

기계적인 반복량이 중요하지 않아요. 예를 들어 수능 수학 문제는 2점, 3점, 4점짜리가 있어요, 2점 문제는 말 그대로 가장 기초적인 연산에 대해 물어봐요. 만약 2점짜리 유형을 100번, 1,000번 푼다고 실력이 늘까요? 이것을 더 연습한다고 기대할 수 있는 실력 변화는 그리 크지 않거나 시간 대비 효율이 떨어질 겁니다. 즉 무작정 아무렇게나 연습하는 게 아니라 현재 실력 향상에 도움 될 수 있는 타깃을 찾아 훈련을 해야 해요. 본인의 한계를 넘어서거나 그 한계의 범위를 넓힐 수 있는 대상을 찾아 터득할 때까지 반복해야 합니다. 이미 2, 3점짜리를 능숙하게 푸는 친구가 3시간 동안 2, 3점짜리로만 연습을 하는 것보다는 1시간 동안 4점짜리를 푸는 게 더 효과가 좋습니다. 즉 막연한 공부 시간량이 중요한 게 아니라 그 시간에 무엇으로 채웠냐가 중요한 기준이 됩니다. 본인에게 필요한 부분과 약한 부분을 찾아 공략해 나가는 것이 공부의 과정입니다.

아웃풋 훈련

아웃풋을 내는 훈련을 주기적으로 해야 합니다. 공부하는 것을 출력해나가는 훈련입니다. 두 가지를 추천합니다. 첫째 주기적으로, 자체적인 모의고사를 보세요. 둘째 남에게 설명하는 연습도 하세요.

주기적인 시험은 출력을 훈련할 수 있는 도구입니다. 생각 외로 자체적으로 시험을 치르는 것을 회피하는 학생들이 종종 있어요. 우선 시간의 압박감에 쫓긴 채 보는 불안한 상황에 처하는 것을 피하고 싶어 해요. 그리고 시험의 결과를 통한 현실적인 점수와 직면하기 싫은 겁니다. 객관적으로 측정된 결과를 회피하고 싶어도 부딪혀야 합니다.

우리는 지식에 대해 객관적이지 못해요. 안다고 생각했던 것도 착각일지도 몰라요. 무엇을 알고, 무엇을 모르는지도 다소 불분명합니다. 시험이란 수단은 우리의 강점과 약점을 분명히 드러내 주는 기회가 됩니다. 주기적인 시험을 통해 내가 무엇을 알고, 모르는지 점검을 해야 합니다. 그 이후 약한 부분은 더 보강하는 피드백이 중요합니다. 이 후속 행위가 더 중요하죠.

그 훈련은 시간 압박이 있는 시험으로 치르면 돼요. 시험의 주기는 짧고, 빈도는 많을수록 좋아요. 시간 제약이 있는 모의시험을 통한 연습은 평상시 학습할 때보다 집중력을 더 강하고 굵게 만들어줍니다. 시중에는 수능 대비용 각 과목별 모의고사가 넘쳐납니다. 수능을 준비하는 학생이라면 월별로 한 번씩 전국 단위 모의고사를 보통 치르게 됩니다. 그와 별개로 자체적인 모의고사를 보세요. 상반기에는 2주에 한 번씩이라도 모의고사를 보면서 약점을 찾아보세요. 그리고 중반기에는 1주일에 한 번씩, 하반기에 접어드는 D-100부터는 1주일에 2~3회씩 양을 늘리면 됩니다.

하지만 공부를 처음 시작하는 단계에서는 모의고사 보는 것을 추천하지 않아요. 자극을 받기보다는 좌절감을 느낄 가능성이 크기 때문입니다. 특히 수학과 사탐, 과탐 같은 경우는 모의고사 범위가 넓기 때문에 처음에 공부한 것만으로는 극히 일부분만 풀 수 있습니다. 그나마 국어와 영어는 일정 범위가 있는 게 아니기 때문에 공부 초기부터 진도에 구애받지 않고 모의고사를 풀 수 있습니다. 백지에서 시작한 입장이라면 처음부터 모의고사를 풀 이유가 없습니다.

처음에는 모의고사 횟수를 신경 쓰지 않는 게 좋아요. 하지만 실력이 늘면 늘수록 점점 모의고사 횟수를 늘려나가야 합니다. 스스로 시간을 재면서 푸는 모의고사의 장점은 이렇습니다. 시간 압박하에 실전 감각을 키울 수 있어요. 시간을 줄여나가는 연습을 할 수 있습니다. 약점을 파악하는 기회가 됩니다. 풀고 나서 점수만 확인하는 게 아니라 오답 정리를 확실히 하고 넘어가야 합니다. 그리고 틀린 문제와 관련된 유형과 개념을 다른 교재에서 찾아 면밀하게 더 풀어줘야 합니다.

주기적인 시험의 또 다른 장점은 내가 아는 것과 모르는 것 사이의 경계를 확실히 알려줍니다. 막상 알고 있다고 생각한 내용도 시험장에서 바로 생각나지 않으면 모르는 것과 다를 바가 없어요. 시간 제약 내에 바로바로 출력해내는 연습을 해야 합니다. 특히 시험장은 외부적 수단 없이 우리 두뇌만 믿고 입장하게 됩니다. 평상시에 주기적으로 개념과 지식을 떠올리는 출력 연습을 해야 합니다. 교재를 대충 훑어보면 알고 있는 게 많아 보입니다. 교재가 아니라 우리 두뇌에 그 지식이 확고하게 입력되어 있어야 하며, 다른 도구의 도움 없이 필요할 때마다 꺼내 쓸 수 있는 정도가 되어야 해요. 즉 보면 안다가 아니라 안 봐도 안다 정도가 되어야 하는 거죠. 그러기 위해서는 반추와 복기를 자주 해야 합니다. 일명 백지복습입니다. 교재 없이 남에게, 또는 자기 자신에게 개념과 풀이 과정을 설명하는 연습을 하면 도움이 돼요.

저는 가르치는 아이들에게 이런 조언을 합니다. 만약 반려동물을 키우고 있다면, 강아지나 고양이 등을 앞에 앉혀 놓고 방금 풀었던 문제에 대해 설명해보라고 합니다. 가족이 이야기를 들어줄 의향이 있다면 가족에게 설명을 해도 좋아요. 아니면 인형을 앞에 두고 설명해보세요. 중요한 것은 스스로 설명하면서 자기 자신도 납득할 수 있을 정도가 되어야 합니다. 학교에서 친구가 모르는 문제를 물어보면 귀찮다고 피하지 말고, 적극적으로 알려주세요. 남에게 설명을 하면서 실력이 보다 더 확고해지는 면이 있어요. 남을 납득시키기 위해서는 본인부터 이해가 선행되어야 합니다.

인위적으로 집중력 높이기

앞서 아웃풋과 관련하여 시험의 장점을 말했습니다. 또 다른 장점이 하나 더 있어요. 시간 압박이 있는 시험을 풀 때는 평상시보다 집중력이 올라가는 경향이 있습니다.

인위적으로 집중력을 높이는 방법은 시간을 할당해서 제약된 시간 안에 문제를 푸는 연습을 하는 겁니다. 시간을 재면서 문제 풀이를 하는 거죠. 아무래도 시간 제한이 없으면 느슨하게, 여유롭게 문제를 풀게 됩니다. 그게 쌓이다 보면 생각보다 누적된 시간 대비 푼 양이 적을 수 있어요. 책상 앞에 오래 앉아 있지만 그 시간에 비해 학습량이 적은 이유는 집중을 하며 두뇌를 풀가동하지 않을 탓도 있어요. 딴 생각을 하면서 공부하는 것은 형식적인 공부량만 채우고 공부했다고 시늉만 할 뿐, 실속 있는 공부를 못 한 셈이에요.

시간 압박하에 푸는 훈련은 여러 종류가 있습니다. 한 문제 풀 때마다 시간을 재거나 가령 10문제씩 미니 모의고사를 풀거나 아니면 통으로 모의고사 한 회를 푸는 겁니다.

한 문제 풀 때마다 시간을 체크하면서 제한된 시간 안에 푸는지 확인해보는 방법이 있습니다. 수능 영어 한 지문을 읽고 문제까지 푸는 데 1분 30초로 할당을 했으면 그 시간 안에 푸는 연습을 하고, 풀 때마다 문항 번호 옆에 기록한 시간을 기입해 두는 식입니다.

그리고 주기적으로 미니 모의고사 테스트를 치르듯이 풀어도 좋아요. 이 방법은 한 문제씩 시간을 재는 게 아니라 일부러 여러 문항을 묶어서 주어진 시간 안에 푸는 훈련을 하는 겁니다. 영어 10지문을 15분에 푼다거나 수학 10문제를 30분 안에 푸는 연습을 하는 겁니다. 그리고 더 나아가 정기적으로 과목마다 시간을 재서 실전 모의고사 연습을 꼭 해야 합니다. 시중에 전 범위 모의고사가 출판되어 있습니다. 또는 기간별로 모의고사가 있어요. 모의고사를 구해서 국어, 수학, 영어, 탐구까지 정기적으로 푸세요. 국어는 45문제 80분, 수학은 30문제 100분, 영어는 듣기 포함 45문제 70분입니다. 실전처럼 시간 제약 아래 풀면 시간 관리 연습도 하면서 모르는 문제도 찍어야 합니다. 이런 방식은 나중에 실력이 향상되어 풀 수 있는 문제가 늘었을 때 주로 쓰기를 권장합니다. 이미 상위권 학생이라면 이렇게 시간을 재서 푸는 연습을 늘려나가세요.

필수 지식, 큰 줄기 위주로 공부하자

　물통 안에 모래, 조약돌, 큰 돌을 담기로 해 봐요. 모래, 조약돌, 큰 돌 순으로 차례대로 담으면 생각보다 많이 담을 수가 없습니다. 반대로 큰 돌을 먼저 담고 다음에 조약돌을, 마지막에 모래를 부어야 물통에 모두 넣을 수 있습니다. 큰 돌이 먼저 넓은 공간을 차지하고, 그 틈 사이를 조약돌이 비집고 들어갑니다. 마지막에도 미세한 틈을 모래가 메워주는 겁니다.

　공부를 할 때도 마찬가지, 큰 것부터 공부를 해야 합니다. 뼈대가 되고, 중심이 되고, 필수 지식이라고 할 수 있는 부분 위주로 학습하세요. 우리가 접하게 되는 교과 개념과 지식 모두 동등한 중요성을 자랑하지 않아요. 수학을 놓고 얘기하자면 30여 년의 수능 동안 20여 번 이상 쓰인 개념 또는 유형이 있습니다. 똑같은 개념이지만 한두 번밖에 안 나온 소재도 있습니다. 극과 극이에요.

　수학의 단원은 골고루 출제됩니다. 하지만 단원 내에서의 여러 주제와 소재는 각각 위상이 다릅니다. 즉 인기가 달라요. 기출이라는 족보를 분석해보세요. 유난히 자주 나오는 파트가 있고, 거의 안 나오다시피 하는 부분도 있어요. 그리고 수능 출제는 가급적 중심이 되고 뼈대가 되는 부분도 나옵니다. 일부러 전국 수십만 명의 학생을 골탕 먹이려는 문제가 나오지 않아요. 내신은 가끔씩 그럴 수 있어요. 학교 선생님이 변별을 위해서 이상한 소재와 지엽적인 소재로 문제를 낼 수 있어요. 하지만 수능은 큰 줄기 위주로 문제가 출제됩니다. 청개구리 기질로, 자주 나오는 대상은 이제 충분히 많이 나왔으니 무시하고 오히려 안 나왔던 대상은 중심으로 공부해야지 하는 전략으로 공부했다가 비효율적인 공부가 되는 셈입니다.

공부를 할 때는 기출 빈도와 중요성, 위상에 맞춰서 공부량을 분배해야 현명하게 공부하고 투자 대비 성과를 높게 거둘 수 있어요. 가령 10번의 시험에서 A는 8번, B는 3번, C는 1번, D는 0번 출제되었다고 해 봐요. 그러면 그 빈도에 맞게 투자하면 됩니다. 괜한 염려로 덜 나왔거나 지엽적인 부분에 시간을 써서는 안 됩니다. 굵직한 부분을 마무리 짓고 사소한 부분을 하면 됩니다. 막상 공부를 해 보면 전체 범위가 100이라고 했을 때 시험이 주로 나오는 부분은 80입니다. 이 80 위주로 공부하고, 지엽적인 20은 우선 가지치기하세요. 그러다가 80이 완벽해지기 시작하면 20도 서서히 보충해 나가면 됩니다. 처음부터 모든 내용을 똑같이 다 다루려고 해서는 안 됩니다.

그런데 대부분 교재는 어느 게 더 중요하고, 덜 중요한지 선별이 안 되어 있고, 그에 대한 가치 판단도 되어 있지 않아요.

수학 교재를 들춰보세요. "이 개념은 기출 빈도가 높으니 열심히 하고, 이건 덜 나오니 덜 해도 됩니다." 이런 식으로 표현되어 있지 않습니다. 가치 중립적으로 똑같이 서술되어 있어요. 심지어 유형 분류가 잘된 교재를 보세요. 시중 서적 중에 쎈 같은 교재 말이죠. 인기가 있는 유형이든 인기가 없는 유형이든 기계적으로 비슷한 양이 할당되어 있습니다. 저는 이런 교재를 풀게 시켰을 때는 애초에 자주 안 나오는 유형의 경우 과감히 생략을 시키고, 자주 출제되는 부분만 따로 체크를 해둬서 풀게끔 시킵니다. 이런 교재는 특히 수학만 1,000문제가 넘어요. 수능 관점에서 필요한 부분만 선별해서 거기만 공부시킵니다. 약 70%만 공부해도 되거든요.

그런데 대부분이 전략 없이 교재를 사면 다 풉니다. 그냥 있는 것 다 풀면 되겠지 하는 생각은 비효율적인 공부 방법입니다. 그냥 많이 하는 게 능사가 아니라 주어진 시간 대비 생산성 있게 공부해야 능률이 오릅니다. 아무리 철저하게 공부를 해도, 그게 시험에 안 나오는 대상이면 무의미한 공부에 불과합니다. 공부를 오랜 기간 할 생각이면 상관이 없습니다. 하지만 대부분 학생은 성적을 올릴 생각으로 문제를 접하고 있지 않나요? 시험의 관점으로 봤을 때 시험에 쓰이는 소재 위주로 공부해야 합니다.

그렇게 공부하려면 아무래도 혼자 하기 힘듭니다. 선별해야 할 안목이 아직 부족하니 말이죠. 그렇기 때문에 과목마다 유명한 일타 강사의 인강을 들으면 좋습니다. 강사들은 실력과 안목 면에서 검증된 분이 많습니다. 대부분 그들의 개념 강좌를 듣게 되면 어느 정도 선별하고, 분별해서 개념과 유형에 대해 잘 설명해줍니다. 혼자 어렵게 독학하기보다는 강사들의 수업을 참고하는 것을 추천합니다. 그렇다고 한 분만 맹신해서는 안 됩니다. 시간이 있다면 한 분을 메인으로 듣고, 다른 분의 강좌를 보충식으로 들어도 괜찮아요. 다양한 관점을 흡수하고, 개중에서 좋은 방식을 흡수하는 식으로 말이죠.

가령 저는 고3 때 수학 인강을 정석적 풀이를 강조하는 한석원 선생님과 요령과 꼼수까지 잘 알려주는 삽자루 선생님 두 분의 인강을 들었습니다. 뭔가 알고 선택한 것은 아니고, 당시 두 분 다 무료 인강을 올리셨던 분이라서 저는 그냥 공짜라는 생각에 들었던 겁니다. 그런데 신기하게 서로 방향성이 다르더군요. 같은 과목이지만 가르치는 방법은 천차만별입니다. 방향과 풀이 방법이 다르면 서로 충돌이 일어날 것 같지만 이렇게도 풀 수 있고, 저렇게도 할 수 있구나 생각하게 됐고, 다양한 방법이 오히려 사고력 증진에 도움이 되었습니다.

공부를 효율적으로 하기 위해서는 무턱대고 교재 풀기만 해서는 안 됩니다. 전략적으로 대응해야 합니다. 처음에는 우선 실력이 검증된 분을 통해 개념을 정립하고, 기본기를 다지는 게 좋아요. 그리고 스스로 기출 분석을 꼭 해 보세요. 그러면 역대 수능에서 어떤 부분이 자주 나오고, 어떤 부분은 덜 나왔거나 아예 안 나왔는지 알 수 있어요. 그런 면에서 기출은 여러 연도가 있는 것일수록 좋습니다. 다년간의 기출을 분석하면서 그동안의 출제 경향도 분석해보고, 각 내용마다의 출제 빈도도 비교해보는 흥미도 있습니다. 수능, 평가원 기출을 꼭 공부해야 합니다.

PART 5

수포자를
위한
수학 공부법

고3 6~8등급도 10개월 만에
2등급이 될 수 있다

저는 수포자만 20년 가까이 200여 명을 가르쳐왔습니다. 공부를 계획적으로 하지 못하는 고3 학생과 재수생만 지도해왔습니다. 어느 정도 성적이 나오는 친구는 꼭 제가 아니어도 성적을 올릴 기회를 어디선가 붙잡을 수 있습니다. 하지만 수포자는 그런 기회를 만나기 힘듭니다. 온갖 학원과 과외 수업과 인강을 활용해도 수포자는 수포자의 늪에서 벗어나기 힘든 측면이 있어요. 대부분 강의는 학생 개인의 맞춤식 시스템이 아니라 대중적인 틀을 고수하고 있습니다. 수포자 본인이 막히는 부분은 지

극히 개인적이고 남과 다를 수 있는데 그것을 대중 강의로 메우기에는 다소 어렵습니다.

저는 직접 가르치는 소수의 수포자를 구제하는 역할을 다년간 해왔습니다. 질질 장기간 끄는 공부가 아니라 1년 안에 벼락치기로 끝낼 수 있는 비법을 전수해왔습니다. 결과는 성공적입니다. 지도해온 학생들의 80% 정도는 충분히 성과는 거뒀습니다. 고등학교 과정을 하나도 모르는 학생조차 10개월 공부하면 수능 때 2등급이 나올 수 있습니다. 마지노선이 3등급입니다. 그런데 안타깝게도 현실은 10개월 공부를 하고도 그대로인 학생들이 전국에 많습니다. 전략의 문제, 방법의 문제입니다. 여기에 공부량의 문제도 결합됩니다.

공부 기간은 짧게, 목표는 높게

보통 수포자의 문제는 머리의 문제라기보다는 심리적 문제일 가능성이 큽니다. 어느 순간에 수학이 이해가 안 되고, 그때부터 뒤처지고 따라가기 힘들다 보니 손을 놓게 된 경우가 많아요. 초반부터 수포자가 되는 게 아니라 대개 도형과 그래프가 나오는 부분에서 포기했을 확률이 커요. 이 상태에서 코앞에 다가온 입시를 위해 다시 공부를 시작하려니 자신감이 부족한 상태에서 두려움이 생기는 겁니다.

수포자를 200여 명 지도해본 결과, 이해력이 부족한 친구들은 거의 없었습니다. 문제는 그 이해를 지속할 능력의 부재였습니다. 처음에는 어떻게든 이해를 합니다. 그런데 진도를 나가다 보면, 앞서 이해했던 부분을 또 망각하게 돼요. 즉 오늘 한 내용은 그나마 이해가 되는데 일주일 전에 이해했던 부분을 다시 보니 무슨 말인지 모르겠다는 겁니다. 그러니 더 공부하기 싫어지고, '역시나 나는 수학과는 안 맞는가 보다.'라는 생각이 들게 마련이에요. 그런데 이는 당연한 현상입니다. 수포자가 성적을 올리기 위해서는 첫 번째 자신감이 중요하고 두 번째는 이해한 내용을 지속할 수 있는 짧은 주기의 복습, 많은 빈도의 반복학습이 필요합니다. 수포자니까 처음부터 공부를 적게 한다는 얄팍한 생각을 하면 결국 얼마 안 있어 다시 포기할 운명이 될 겁니다. 공부량이 적으니 또 금세 잊고, 그러다 보니 또 하기 싫어지는 악순환입니다.

만약 여러분이 현재 8등급이라고 하더라도, 10개월 정도의 기간은 마음먹고 공부를 많이 할 생각이 있으면 수포자 탈출은 당연하고 최소 3등급 이상은 나올 수 있습니다. 자신감을 갖되 늦었다는 고정관념을 깨부수세요. 일반적인 조언은 수포자에 대한 기대감이 없기 때문에 공부 기간을 오래 잡거나 또는 반대로 목표를 낮추라고 할 겁니다. 저는 반대로 말합니다. 공부 기간을 적게 잡고 동시에 목표를 높게 잡으세요. 대신 밀도가 강한 시간을 1년 가까운 기간 동안 보내면 됩니다. 그 강도 높은 노력에 효율적인 전략까지 가미되면 5~6년 간 고생해왔던 수학을 1년 안에 어느 정도 정복할 수 있습니다.

수포자에게 맞는 공부법은 따로 있다

수능을 앞둔 수포자 수험생을 전문적으로 가르쳐온 선생님 중에 제가 대한민국 제일이라고 할 수 있습니다. 인수분해 정도만 알고, 중3 이후의 과정을 하나도 모르는 고3, 재수생 학생이 있다고 해 보죠. 10개월만 시간을 주고 서로 호흡을 맞출 수 있다면 최소 2등급을 맞게 할 자신이 있습니다. 못해도 3등급은 나옵니다. 제 입장에서는 쉬운 일인데 막상 다른 강사들은 그러지 못하는 게 답답하기도 합니다.

많은 강사와 선생님들은 다양한 성적대를 맡아 지도하다 보니 수포자를 위한 속성 수업이 잘 갖춰져 있지 않아요. 즉 원론적인 이야기만 할 뿐 지름길을 모른다는 이야기입니다.

수포자는 1~2등급이 공부하는 방법을 따라 공부해서는 안 됩니다. 수포자를 포함한 하위권에 대해 조언하는 사람들은 대부분 최상위권 출신입니다. 수학을 가르치는 분들 대부분은 원래 수학을 잘하거나 수학을 좋아하는 학생 출신입니다. 유명한 인강 강사이거나 오프라인 학원 강사와 과외 강사와 학교 선생님 중에 수포자 출신은 거의 없습니다. 그러다 보니 개인 경험에 기반을 둔 조언이 수포자와 맞지 않는 경우가 있습니다.

경고합니다. 애초에 수학을 잘하던 사람들의 조언을 절대 듣지 마세요. 수학 머리가 원래 있던 사람들의 조언을 받아들이지 마세요. 과연 수학만 그럴까요? 과목마다 특화된 이해력을 보이고, 뛰어난 공부 머리를 자랑하는 친구들이 있어요. 그들의 방법을 따라 하면 절대 성적을 올릴 수 없습니다.

국내 최고의 대학과 세계적 명성을 자랑하는 해외 대학원을 나오신 분의 수학 공부법을 들은 적이 있습니다. 이런 이야기를 하더군요. 강의 들을 때 한번 들으면 이해되는데 굳이 필기를 할 필요가 있냐는 요지였습니다. 필기할 시간에 집중해서 들으라는 이야기입니다. 위험한 조언이라고 생각했습니다. 그분은 머리와 집중력이 좋아서 단 한 번에 이해해서 그게 가능하지 대부분의 학생은 단 한 번 만에 그렇게 완벽하게 이해하기가 힘듭니다. 필기한 것을 바탕으로 계속 반복 학습을 해야 하는 게 일반적인 학생들의 처지입니다.

개인의 특수한 사례를 일반화해서는 안 됩니다. 시중에 유통되어 온 공부법 정보는 주로 수재 출신들에게서 비롯된 겁니다. 여러분에게 필요한 것은 모범생 공부법이 아니라 바닥에서 어떻게든 온갖 방법을 강구해서 성적을 급상승시키는 벼락모드 공부법입니다. 그게 바로 각성자 공부법입니다. 미친 듯이 해보세요. 1년이면 여러분 목표를 달성할 수 있어요.

예전에 IQ160인 학생을 지도한 적이 있습니다. 자기가 똑똑하다고 하도 자랑을 하기에 지능 지수를 알게 된 사례입니다. 머리 회전이 참 빠르더군요. 수학은 하나를 알려주면 열을 알 정도입니다. 조금만 배워도 고난도 4점짜리, 때로는 과거의 킬러 문제까지도 풀더군요. 이런 친구가 공부하는 방법과 일반 학생들이 공부하는 과정은 다를 수밖에 없어요. 이 학생은 국어도 모의고사를 풀면 늘 만점이나 거기에 준하는 점수가 나왔습니다. 그래서 다른 학생들에게 전해줄 팁이 있을까 봐 혹시 너만의 국어 노하우와 비법이 있냐 물어봤습니다. 답변은 이랬습니다. "그냥 한국말인데 잘 읽으면 다 이해되지 않나요? 그냥 집중해서 읽으면 돼요." 그 학생에게 자연스러운 현상이 다른 학생들에게 부자연스럽다는 점을 잘 모르더군요. 즉 똑똑한 학생들이 자연스럽게 해내는 것을 많은 평범한 학생들이 못하기 때문에 공부 방법과 노하우와 스킬이 필요한 겁니다.

다시 경고합니다. 생각보다 널리 알려진 공부법 중에는 머리가 좋은 학생들 기준의 이야기나 중상위권 이상의 수준에 맞춘 방법이 많습니다. 여러분이 만약 평범한 지적 능력을 보이고, 아직 학업 능력에 두각을 보이지 않는 학생이라면 수재들의 공부법을 마냥 받아들여서는 안 됩니다. 오히려 제가 지름길을 알려주겠습니다.

고정관념을 깬, 6~8등급 수포자만을 위한 공부법

6~8등급의 수포자를 3~4등급을 만들어내는 역할은 많은 일선의 강사들이 해낼 수 있습니다. 하지만 노베이스 학생을 1년 안에 1~2등급으로 이끌어줄 수 있는 강사는 거의 없습니다. 특히 중2 과정의 지식만 갖고 있는 학생을 1년도 채 안 되는 기간에 1등급으로 만들어 내는 일은 이 책을 쓰고 있는 제가 유일하다고 자부할 수 있습니다. 그만큼 수포자 전문으로 20년 가까이 수업을 해왔고, 저만의 비법과 노하우가 있습니다.

시중의 조언을 들으면 통념으로 가득 찬 이야기가 많습니다. 초등 수학이 탄탄해야 하기 때문에 저학년 공부 시기를 놓치면 고등학교 때는 이미 늦었다는 위협적인 말도 있습니다. 헛소리입니다. 효율적인 방법과 지름길만 따라가면 중1 정도의 지식을 갖춘 고3 학생도 1년이면 최소 3등급 이상은 나올 수 있습니다. 재밌게도 남들이 아등바등하며 10년 가까이 공부해 온 결과를 단 1년 만에 해치울 수 있습니다. 저도 고3 때 공부를 처음 시작했지만 어릴 때부터 모범생이던 친구들을 제치고 전교 1등을 했습니다. 늦었다고 걱정할 시간에 치열하게 공부를 시작하세요.

수포자인 저도 공부를 하다 보니 수학 성적 오르는 재미로 수학 과목을 제일 좋아하게 됐습니다. 수능 뒷날에 새로운 수학 문제집을 구입해서 풀 정도였습니다. 독학으로 문이과 수학 모두를 공부했습니다. 전공은 법학과를 선택했지만 수학 가르치는 일을 좋아하게 돼서 20년 가까운 경력의 수학 강사가 되었습니다. 입시 및 수능 수학, 수포자 교육에 관해서는 수학 전공자들보다 훨씬 탁월한 통찰력이 있다고 자부합니다. 오히려 비전공자이기 때문에 수학 내재적인 원론과 학문의 틀에 빠지지 않고 고정관념을 깨고 실용적인 측면을 더욱 쉽게 강조할 수 있습니다. 즉 수포자가 짧은 기간에 이길 수 있는 방법을 위해서는 널리 알려진 왕도에서 탈피해야 하며 상위권을 위해 2~3년 이상의 시간이 필요하다는 고정관념을 깨야 합니다.

저는 극단적인 실용성을 추구합니다. 수포자 입장에서 마냥 음미하면서 공부할 틈이 없습니다. 그들에게 수학의 아름다움과 수학을 공부해야 하는 이유를 설명해봤자 와닿지 않습니다.

대부분 수포자는 진짜 수학을 못해서 수포자가 되는 게 아닙니다. 수학에 대한 흥미가 부족하거나 반감이 강해서 수학을 기피하게 됩니다. 수포자여도 사칙연산과 인수분해 정도는 할 줄 알아요. 즉 아예 무지한 게 아닙니다. 대부분 도형과 그래프가 등장한 이후부터 수학에 손 놓게 됩니다. 평범한 계산까지는 해낼 수 있습니다.

제 기준 구구단을 알고, 인수분해 정도까지만 할 줄 안다면 수포자 중 80%는 1년 안에 최소 2등급까지 만들 자신이 있습니다. 대신 학생 본인은 한 가지만 준비하면 됩니다. 바로 해내겠다는 결심과 좋은 대학을 간절하게 가고 싶은 의욕, 이런 마음가짐만 있으면 됩니다.

여기서는 중학교 인수분해 정도까지 알고, 피타고라스와 삼각비조차 모르는 중학교 2학년 지식의 예비 고3 학생을 기준으로 설명하겠습니다. 찍어서 운 좋게 얼마나 맞히느냐에 따라 6~8등급이 오가는 성적일 겁니다. 이런 학생도 제가 알려주는 방향을 따라가면 겨울방학 1월에 공부를 처음 시작해서 10개월 만인 수능 때 2등급은 받을 수 있습니다. 예상보다 수학적 이해력과 직관이 좋다면 1등급도 노릴 수 있습니다.

전국에 있는 수포자의 90%는 결국 중도에 공부를 포기하거나 성적이 거의 오르지 않아요. 그게 현실입니다. 그런데 제 지도를 받는 제자들은 그런 한계를 깨고 무에서 유를 창조합니다. 어디서 이런 차이가 비롯될까요? 그 동기와 방법론에 대해 말해보겠습니다.

만약 이 책을 읽는 독자 여러분이 수포자, 노베이스라고 하더라도 절박한 의지와 효율적인 전략이 결합하면 1월부터 공부를 처음 시작해도 수능 때 2등급 정도는 충분히 받을 수 있습니다. 그 가능성을 위해 여태까지 각성자 공부법을 강조해온 겁니다. 대충 해서는 안 되고, 1년 안에 끝내겠다는 치열한 각오가 우선 필요합니다.

앞으로 6~8등급 노베이스 기준에서 오로지 수능 시험 관점으로만 설명하겠습니다. 우리 수포자 친구들이 이미 앞선 친구들을 이기기 위한 세 가지 전략은 첫 번째 압도적인 공부량입니다. 이제까지 말해온 각성자 공부법입니다. 두 번째는 가지치기입니다. 다 공부할 시간이 없기 때문에 수능 시험에 안 나오는 부분은 과감히 버리고 가야 합니다. 대신 노력을 출제 빈도가 높은 곳에 집중해야 합니다. 세 번째는 끊임없는 반복독과 거기에 기반한 암기입니다. 여기에서 차이가 벌어집니다.

시험은 주어진 틀과 형식이 있으며, 그것을 출제 경향이라고 부릅니다. 자주 출제되는 문제들은 각종 유형으로 분류됩니다. 출제가 빈번한 단원과 개념과 유형 위주로 가지치기해서 핵심 위주로 공부해야 합니다. 그럼 공부량을 압도적으로 줄일 수 있어요. 즉 안 나오거나 확률이 적은 부분은 애초에 가지치기하고 버리고 가세요. 혹시 나올까 봐 걱정되죠? 그건 실력을 완성한 뒤에, 또는 2등급 이상 찍은 뒤에 공부하세요. 그래도 대부분 안 나오는 소재는 거의 안 나옵니다. 즉 수학의 족보가 있다고 할 정도로 90%는 늘 유사한 내용들이 출제됩니다. 공통과목과 선택과목까지 전 영역의 지식이 100이라면 실제로 시험에 가용되는 지식은 80 정도 됩니다. 저학년이라면 꼼꼼히 100을 하나씩 체계적으로 해나가면 되겠지만 수포자 입장에서는 시간이 없기 때문에 과감히 20은 버리고 가야 합니다. 결국 자주 출제되는 요소를 얼마나 잘 이해하고, 기억하냐가 관건입니다.

수능 시험에 필요한 수학적 능력은 수리 논술 시험과 많이 다릅니다. 증명에 연연하지 않아도 됩니다. 지나친 논리의 정밀함에 집착할 필요가 없어요. 다소 직관적인 방법도 가능합니다. 특히 수능 수학은 풀이 과정을 보지 않습니다. 꼼수 풀이로 풀어도 됩니다. 하지만 논술과 내신 서술형 시험은 엄밀한 교과 풀이를 요구합니다. 무엇보다 수능 수학은 대다수 문제가 유형

분류가 되어 있기 때문에 "어떤 구조의 문제가 나올 때 어떻게 푼다."라는 패턴 분류와 해법 정도만 알고 있으면 됩니다. 그리고 이것은 기계적인 반복으로 숙달시킬 수 있어요.

시험공부를 기초부터 하나씩 꼼꼼히 채워나가는 고정관념을 버리세요. 단계와 순서에 집착하지 마세요. 효율을 겸비하면 중간부터 뛰어들어도 됩니다. 지름길이 있어요. 핵심부터 채워나가면서 서서히 덜 중요한 영역을 보충해 나가면 됩니다. 순차적으로 진도를 나가는 선형적인 공부 순서를 집어치워야 합니다. 최적의 효율성을 위해 수학 공부 순서를 재구성해야 합니다. 이제부터 알려드리는 공부법 11계명은 반드시 지켜야 합니다.

속전속결
공부법

수포자는 기본기부터 차곡차곡 지식을 쌓아 올려야 한다는 생각은 틀렸습니다. 무조건 직접 출제 범위부터 공부하세요. 중학 과정과 수학 상하가 약해도 무조건 수1부터 공부해야 합니다. 수학의 모든 단원과 지식 체계는 각각의 위상과 서열 관계가 다릅니다. 모든 지식은 그 위력과 빈도가 똑같지 않습니다. 수포자 입장에서 모든 것을 다 하려고 하면 영영 공부는 끝나지 않고 초반에 다시 포기할 염려가 있습니다.

아래부터 단계적으로 채워나가는 공부를 버리세요. 수1과 수2에 해당하는 직접 출제 범위부터 시작하면서 간접 출제 범위는 중간중간 나올 때마다 채워나가세요. 인수분해 정도만 할 줄 알면 됩니다. 중학교 과정의 피타고라스 정리를 몰라도, 고1 과정의 근의 공식을 몰라도 공부를 해낼 수 있어요. 고1 수학 상에서 직선의 방정식을 세우는 방법을 배웁니다. 미분 단원을 가면 접선의 방정식을 배워야 해요. 그러기 위한 선행 조건은 직선의 방정식을 알아야 하는 겁니다. 그럼 바로 이때 잠시 수학 상을 들춰보고 직선의 방정식 세우는 방법을 배우면 그만입니다. 그래도 돼요. 필요한 순간에 주먹구구식으로 보충해나가는 공부가 오히려 필요해요.

맞춤식 과외를 받으면서 그때마다 강사가 직접 알려주면 최적이지만 본인이 조금만 더 능동적이라면 혼자서도 해낼 수 있는 작업입니다. 기초 인강을 참고해도 충분히 터득할 수 있습니다. 직접 출제 범위에 필요할 테니 미리 간접 출제 영역을 열심히 해두자는 생각으로 고1 과정인 수학 상하에 집착하다 보면 공부할 기간은 계속 늘어나게 됩니다. 우리의 목표는 오로지 10개월 안에 끝내는 겁니다. 초고속으로 2등급 안에 들어서기 위한 방법은 직진하는 공부법입니다. 굵은 개념 위주로 공부해나가면서 필요한 지식을 취합해 가세요. 제 수업은 수학 공부의 순서를 재구성해줍니다. 제 도움이 있다면 훨씬 더 효율적으로 올릴 수 있겠지만 여러분의 힘으로도 어느 정도 해낼 수 있습니다. 부족한 부분을 인강의 도움을 받으세요. 현강은 맞춤식 수업이 안 됩니다. 인강은 본인이 골라서 들을 수 있기 때문에 약하거나 필요한 부분만 그때그때 찾아서 들을 수 있는 장점이 있습니다.

수학의 단원 순서는 난이도대로 구성된 게 아닙니다. 또한 앞의 단원을 알아야만 꼭 뒤의 단원을 알 수 있는 게 아닙니다. 유기적으로 연결된 단원도 있지만 그렇지 않은 경우가 더 많아요. 가령 수1의 수열을 몰라도 수2의 적분을 공부할 수 있어요.

수학 8등급 기준 커리큘럼과 방법

수학 8등급이고 고등학교 과정 아무것도 모르는 기준에서의 커리큘럼과 방법을 알려주겠습니다.

수1 교재로 기본서와 수능 기출문제집을 준비하세요. 기본서는 바이블을, 수능 기출 교재는 자이스토리를 추천합니다. 그리고 기초 인강을 하나 끊으세요. 하위권 기준의 개념 인강이어야 합니다. 뭘 들어야 할지 모르겠으면 선생님 블로그에 들어와서 물어보세요. 학생마다 상황이 다르니 거기에 맞춰 구체적으로 조언을 해주겠습니다.

아래의 커리큘럼은 고등학교 과정은 하나도 모르고 인수분해만 알고 있는 수준이 속성으로 10개월 만에 성적을 급상승하는 비결입니다.

우선 첫 단원인 지수로그에서는 지수만 먼저 공부를 합니다. 지수법칙까지 공부를 하는데 기본서의 개념 설명을 따라 읽고 공부를 합니다. 처음 공부하니 잘 이해가 안 될 겁니다. 끊어놓은 인강으로 지수법칙까지 열심히 들으세요. 여기는 초급 난이도라서 반복해서 들으면 충분히 이해가 됩니다. 수포자라고 해서 다 이해 못 하는 게 아니에요. 초반에 따라가다가 어느 순간에 맥이 끊기는 경우가 발생하고, 거기서부터 수학을 놓게 되는 겁니다. 지수까지는 할 만해요. 인강을 듣고 기본서를 다시 펼쳐서 지수법칙을 다시 읽어보세요. 그리고 예제 유제를 푸세요. 기출문제집에서 지수법칙에 해당하는 기출 문제가 꽤 됩니다. 여기만 골라 푸세요.

그럼 지수 공부를 마쳤으니 원래는 이어서 로그 공부를 할 차례겠죠? 그 뒤에는 지수로그 함수를 공부해야 할 겁니다. 맞나요? 아니요. 그러지 마세요. 저는 수포자만 200여 명 지도해서 그들의 실력과 마음을 잘 압니다. 대부분 수포자는 지수법칙까지 할 만한데 로그부터 헷갈려 해요. 지수는 이해가 되는데 로그가 직관적으로 와닿지 않아요. 그러니까 수포자인 겁니다.

수포자를 초고속으로 성장시키는 방법은 수학의 순서를 최적화된 방식으로 재구성하는 겁니다. 교과 과정 틀대로 밟아나가면 예전에 발목을 잡았던 흐름에 그대로 막히는 거예요. 지수법칙을 마친 후 바로 수열 단원으로 건너뛰세요. 제 말을 믿어보세요. 순차적으로 하지 마세요. 수열에 들어가면 수열의 정의를 익힌 후 등차수열과 등비수열을 공부하게 됩니다. 여기는 기본 지식과 이해력이 부족한 수포자여도 어느 정도 접근하기 쉬운 단원입니다. 계산 위주이기 때문입니다. 여기도 마찬가지, 기본서를 한 번만 훑어보고 다시 기초 인강을 들으세요. 이전의 단원을 건너뛰고 수열부터 듣는 겁니다. 등차수열과 등차수열의 합을 인강으로 이해한 뒤, 기본서로 다시금 읽어보고 거기에 딸린 문제를 푸세요. 기출 문제집은 동일한 파트에서 일부러 2~3점만 골라서 푸세요. 4점은 아직 건들지 마세요. 2~3점까지는 계산 문제이기 때문에 웬만해서는 거의 다 풀려요.

이제는 등비수열을 공부할 차례입니다. 지수법칙을 먼저 하고 온 이유는 등비수열을 공부하다 보면 알게 될 겁니다. 등비수열에서 지수법칙이 필요하기 때문입니다. 즉 앞 단원인 로그와 지수로그함수와 삼각함수를 몰라도 수열 전 단원을 끝내는 데 지장이 없어요. 단원 융합적인 문제는 우선 패스하면 돼요.

그런 문제는 소수이기 때문에 아직 걱정하지 마세요. 2~3점부터 마스터하는 데 신경 쓰세요. 등차수열, 등비수열과 시그마를 공부하다 보면 고1 과정인 '근과 계수와의 관계'와 마주치게 될 겁니다. 고1 개념은 미리 공부하고 올라오는 게 아니라 나올 때마다 따로 정리해주면 됩니다. 교재 해설집은 친절하게 문제에 쓰인 간접 출제 지식도 추가적으로 설명해주곤 하니 새로운 지식을 발견할 때마다 노트에 정리해서 암기하세요. 증명을 못하거나 이해를 못 해도, 외워서 풀면 됩니다. 그리고 고1 개념인 수학 상하를 더 연습하고 싶으면 수학 상하 바이블 정도를 따로 준비해서 백과사전 찾듯이 그 파트만 찾아서 공식을 적용하는 연습을 하세요.

〈단원의 재구성 커리큘럼〉

① 지수 ▸ 수열 ▸ 로그 ▸ 지수로그함수 ▸ 함수의 극한 ▸ 미분 ▸ 적분 ▸ 삼각함수
② 지수 ▸ 수열 ▸ 로그 ▸ 지수로그함수 ▸ 삼각함수 ▸ 함수의 극한 ▸ 미분 ▸ 적분
* ① 또는 ②를 적용합니다.

보통 수포자의 경험담을 들어보면 지수로그함수나 삼각함수 그래프에서 막히다 보니 거기에서 공부를 손 놓게 되었다고 합

니다. 그 점을 역으로 활용하세요. 즉 막힐 만한 구간을 차라리 나중에 보는 겁니다. 더 실력을 키워서 보는 거예요. 바로바로 이해가 잘될 정도였으면 진작에 수포자가 되지 않았을 겁니다. 고정관념을 깨고 조금 영리하게 공부하세요.

그리고 미분 적분도 어렵다는 선입견이 있지만 지엽적인 것을 버리고 굵직한 개념 위주로 하면 공부량이 그리 많지 않습니다. 미분으로 치자면, 미분 계산법과 접선의 방정식, 극대극소, 최대최소, 실근의 개수 정도까지 넓게 공부를 먼저 마친 뒤 세세한 유형을 추후에 정리하는 게 낫습니다. 위에 말한 큰 줄기의 공부는 수포자도 잘 따라옵니다. 기억하세요. 첫 바퀴는 넓게 공부하고, 여러 회독을 돌릴 때마다 빠진 유형을 메워 나가면 됩니다. 특히 2~3점은 굵직한 개념 위주로 묻습니다. 2~3점만 다 맞아도 48점입니다. 최근 3년간 3월 모의고사 3등급 컷이 미적분 기준 높을 때는 57점, 낮을 때는 49점입니다. 다소 쉬운 2~3점을 다 맞고 4점 문제 13문제 중 고작 1~2개만 맞아도 3월 기준 3등급 후반은 나옵니다. 4점짜리 4~5문제를 맞게 된다면 2등급 후반이 나와요. 수포자여도 우선 3등급 턱걸이까지는 두 달이면 충분합니다. 단 수학 공부를 이 기간 동안 하루 6~8시간을 해야 합니다.

3월 모의고사는 수1과 수2 전 범위에 선택과목은 1단원 초반만 들어갑니다. 공통과목에서 22문제가 출제되기 때문에 1~2월에는 수1과 수2 중심으로 공부해야 합니다. 그리고 학기 중 모의고사 범위에 맞춰서 선택과목 공부를 진행하는 게 효율적입니다.

1월에 공부를 처음 시작한 제 수포자 6등급 제자들은 3모부터 당장 3등급을 찍습니다. 재수생과 함께 치르는 6평은 대개 2등급 후반까지 나옵니다. 여기서 여름 방학을 잘 보내면 9평과 수능 때 안정적으로 1~2등급이 나옵니다. 그 비결은 지나치게 꼼꼼하게 앞 단원에 매진하지 않고 굵은 개념 위주로 전 단원을 빠르게 돌리고, 중심 뼈대를 계속 반복독 하는 겁니다. 그렇게 뼈대를 완성한 뒤 조금씩 중심축 지식으로부터 주변부 지식으로 뻗어 나가면 됩니다.

만약 인강을 듣는데 개념부터 막힌다면 어떻게 할까요?

프리패스를 끊어서 듣는 친구들이 많을 겁니다. 인강사이트에는 강사가 여러 분 계십니다. 수학 개념 인강을 들을 때 원래 듣던 강사의 설명이 어렵다면, 다른 분들 수업까지 교차해서 듣는 것을 추천합니다. 강사마다 개념 설명하는 노하우가 조금씩 다릅니다. 그리고 각자 자신 있는 단원도 있고, 덜한 단원도 있어요. 한 강사의 커리를 타고 듣고 있는데 한 단원의 개념 설명이 미흡하거나 어렵다고 느끼면 그 부분에 대해서는 다른 강사의 강좌를 참고하는 게 더 합리적입니다.

그래도 그 개념 부분이 막히면 두 가지 방법을 추구하세요. 이해가 안 돼도 우선 문제 풀이라도 하면서 조금이나마 감을 잡아보는 것이 첫 번째 방법입니다. 두 번째는 우선 그 부분을 건너뛰고 다음 개념 공부를 하는 겁니다. 단, 그 건너뛰는 개념과 추후의 개념이 밀접한 상관관계가 없어야 이런 방법이 효율적입니다. 더 나아가 수포자 입장에서 한 단원이 통으로 잘 이해가 안 되면 단원 순서에 구애받지 않고 다른 단원을 먼저 공부한 뒤 되돌아오는 것 또한 팁입니다.

암기
공부법

승리를 거두기 위해서는 암기를 잘 활용해야 합니다. 속성으로 빠르게 성적을 올릴 생각이 있죠? 그럼 수학 문제의 풀이를 외우세요. 천천히 갈 시간이 없으니 속성으로 실력을 끌어올리기 위한 비결입니다. 이해력은 먼저 출발한 친구들을 당장 따라가기 힘듭니다. 하지만 암기는 그나마 공평합니다. 우선 필수 공식은 무조건 철저하게 외우세요. 자주 보고, 관련 문제를 자꾸 풀다 보면 절로 외워집니다. 그러기 위해서는 그 공식과 관련된 문제의 회독 수를 단기간에 늘려야 합니다. 한 번만 풀고 넘어가면 안 돼요. 두 번도 안 됩니다. 처음 공부한 파트가 있다면 공부한 첫 주 동안 최소 3~4번은 반복해서 푸세요. 한두 번 풀어봤자 금세 또 까먹어요. 아래 사진처럼 반복해서 푸세요.

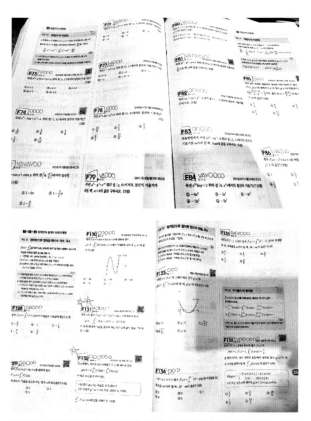

문제를 여러 번 반복해서 풀게끔 합니다. 반복 학습을 위해 교재는 깨끗하게 보되 정, 오답 체크만 합니다.

이때 암기하라는 건 영어 단어 외우듯이 억지로 쓰면서 외우라는 게 아니에요. 많이 반복해서 풀다 보면 자연스럽게 그 풀이 과정과 쓰이는 공식이 외워집니다. 그때까지 반복하세요. 상위권은 문제를 한두 번 풀어도 되지만 수포자는 7번은 나눠서 봐야 합니다. 이해력의 차이를 공부량과 반복 횟수로 메워야 합니다. 그렇기 때문에 여태까지 각성자 공부법을 강조한 겁니다. 막대한 양을 투자해야 새로운 진도를 나가면서 복습까지 가능합니다. 공부량이 적으면 진도만 나가다가 앞부분을 다 망각하거나 복습만 하다가 아예 진도를 못 나가는 일이 발생합니다.

이해한 것은 금세 휘발됩니다. 이해한 것을 외워야 돼요. 교재를 기본서, 기출교재, 보충교재 세 권을 보라는 것도 같은 소재가 다양하게 바뀌는 것을 익히기 위해서입니다. 이 문제들을 반복적으로 풀다 보면 수학적 감이 잡힐 겁니다.

오늘 학습한 지식의 80%는 24시간 안에 잊어버리거나 헷갈리게 됩니다. 망각의 방지책은 끊임없는 반복입니다. 남들은 귀찮아서 복습을 잘 하지 않기 때문에 밑 빠진 독에 물 붓기 식의 비효율적 공부를 합니다. 우리는 오히려 빈번한 복습으로 상대적 경쟁에서 강력한 우위를 차지할 수 있습니다.

시중에 공식집도 판매를 합니다. 개념과 공식이 요약 정리된 공식집을 갖고 다니면서 틈나는 대로 살펴보면서 암기한 내용을 자꾸 상기시키는 것도 망각을 방지하는 비결입니다. 이것보다 더 고차원적인 접근 방법은 다음에 설명하는 서브 노트를 만들어서 자꾸 되새김질을 하는 겁니다.

서브 노트/
단권화 공부법

우선 두꺼운 스프링노트를 장만하세요. 단원별로 구분해두세요. 제 제자들이 구성하는 챕터는 이렇습니다. 수1과 수2와 선택과목의 모든 단원을 여러 페이지에 나눠 구분합니다. 거기에다가 따로 고1 수학 챕터와 '실수' 파트 영역과 '팁' 파트 영역을 만들어 놓습니다. 직접 출제 범위를 공부하다가 모르는 고1 과정 내용이 나오면 서브 노트에 관련 지식을 옮겨다 적으세요.

'실수' 파트에는 실수로 틀렸던 계산 내용이나 착각해서 틀린 인지적 오류를 적어두세요. 예를 들어, 거리를 구할 때 학생들은 절댓값을 안 붙이는 경우가 흔합니다. f(x)가 4차함수이고 g(x)가 1차함수라고 해 보죠. 이때 x=a에서의 f(x)와 g(x)의 거리를 구하라는 질문에 4차함수가 더 크겠지라는 잘못된 선입견으로 마냥 f(a)-g(a)로 계산 처리를 하는 경우가 많아요. 상황에 따라 다르기 때문에 여기에 꼭 절댓값을 붙여야 합니다. 그런데 이런 실수를 자주 범합니다. 실수를 할 때마다 노트에다가 옮겨 정리를 하고, 모의고사 보기 전마다 다시 한번 훑어보면서 머릿속에 인지를 시켜야 합니다.

'팁' 파트에는 유용한 도구를 정리해두세요. 가령 고난도 문제일수록 최고차항의 계수가 미지수인 다항함수가 주어질 때, 최고차항의 계수가 음수일 가능성이 큽니다. 시간이 없을 때는 케이스 분류를 음수부터 조사하는 게 하나의 팁입니다. 또한 주관식 정답에는 십 몇이라는 숫자가 많이 등장합니다. 가령 2023수능 최고난도 22번 주관식 정답은 13이었습니다. 이렇게 주관식도 찍어서 운 좋게 맞는 학생들이 종종 있습니다. 이런 유용한 팁과 요령까지 알게 되면 필기해두세요. 하지만 본질적으로는 수학 공부를 하다가 익혀야 할 개념과 공식을 중심으로 단원별로 서브 노트에다 계속 적고 매일 주기적으로 되살펴 공부해야 합니다.

▲ 스프링노트에 단원별로 구성을 해두고 주요 개념과 공식, 스킬 위주로 정리합니다.

▲ 서브 노트의 실수 파트입니다. 혼동하거나 실수했던 내용을 정리해두고 자주 봐둬야 합니다.

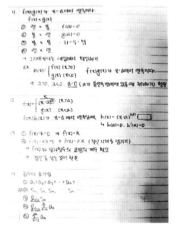

▲ 서브 노트에 여러 유형의 대처 방법과 스킬과 노하우를 정리해둡니다.

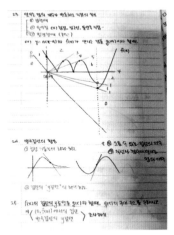

▲ 문제에 적용될 수 있는 팁과 스킬을 정리해둡니다.

▲ 선택과목 미적분의 적분 파트에서 치환적분 유형을 한데 모아서 정리한 내용입니다.

▲ 서브 노트 중에서 부분적분 유형을 정리한 내용입니다.

　　서브 노트에 개념과 지식 외에 여러 가지 팁을 적어놓으세요. 가령 1부터 10까지의 자연수의 총합은 55입니다. 1의 제곱부터 10의 제곱까지, 자연수 제곱의 합은 385입니다. 이런 식으로 자주 등장하는 숫자들은 편의적으로 따로 외워두는 게 좋아요. 2의 10제곱은 1024입니다. 2와 3과 5의 거듭제곱 정도는 1,000 미만까지 어느 정도 기억해두세요, 가령 3의 거듭제곱 3, 9, 27, 81, 243, 729 정도는 알아두는 게 편합니다.

　　인강을 듣다 보면 수2 미분 파트에서 삼차함수의 비율 정도는 흔히 접할 겁니다. 교과 개념에 없는 스킬입니다. 그런 내용도 서브노트에 단권화시켜서 자주 들여다봐야 합니다. 적분에서 등장하는 다항함수의 넓이 공식 또한 필수입니다. 교과 개념 풀이도 익히면서 공식까지 암기한 뒤, 평상시에는 공식 쓰는 과정을 숙련시켜야 합니다. 삼차함수 극대극소의 차 공식도 재수생들은 잘 외워서 편하게 활용하는데 막상 고3들은 잘 안 외우더군요. 이런 교과 개념 외에 활용 가치가 있는 실전 개념과 스킬을 공부할 때마다 서브노트에 예시와 함께 정리해두세요. 자주 착각해서 틀리는 인지적 오류도 기록해두세요. 책에 듬성듬성 필기하면 번거로워서 잘 살펴보지 않게 돼요. 집약적으로 압축적으로 서브 노트 한 권에 총집합시키고 매일 보면서 상기시키세요.

서브 노트의 가치는 접근성과 반복성 덕분에 효과를 발휘할 수 있어요. 왜냐하면 우리가 오늘 익힌 지식은 새롭게 진도를 나가다 보면 매번 다시 찾아와서 들여다보기 힘듭니다. 그래서 한 군데에 지식들을 모아둬서 주기적으로 계속 살펴줘야 기억과 이해가 오래 갑니다.

해설집
공부법

수포자 입장에서는 하나를 붙잡고 오래 공부할 겨를이 없어요. 우리는 속전속결입니다. 안 풀리면 바로 해설집을 보세요. 해설집을 일찍 보세요. 대신 해설집만 보고 덮으면 발전이 없어요. 해설집 설명을 계속 곱씹으며 그것을 내 걸로 만드세요. 반복하며 흡수하고 암기하세요. 저는 어려운 문제의 경우 기간을 나눠 9번 반복했습니다.

수학에서 고민을 많이 하라는 이야기를 종종 듣습니다. 생각도 나지도 않는 것을, 모르는 것을 오래 붙잡고 고민하는 것은 대부분 시간 낭비입니다. 오히려 자료를 두고 고민하세요. 해설집을 붙잡고 궁리를 하세요. 아무것도 없는 상태에서 혼자 돌아가지도 않는 사고를 억지로 하는 게 아니라 해설집 또는 해설 인강을 들으면서 왜 그렇게 풀어야 하는지 그 필연적인 인과관계에 대해 궁리를 해 보라는 겁니다.

수학을 못할 때는 아무리 오래 고민을 해도 소용이 없어요. 솔직히 아직 머리에 든 게 없잖아요? 이때는 흡수를 많이 해야 할 때입니다. 안 풀리면 바로 해설집을 보세요. 해설을 한 문장씩 보면서 왜 그렇게 풀어야 하는지 이해를 하세요. 그리고 다시 한 번 풀어보세요. 대개 문제집마다 유사 문제가 더 있습니다. 다른 비슷한 문제를 골라서 더 풀어보세요. 감이 잡힐 겁니다.

그런데 그 감은 곧 잊힙니다. 그렇기 때문에 오늘 이해한 것을 내일도 풀어야 합니다. 내일 푼 것은 다시 그 다음 날도 푸세요. 3일간 세 번은 푸세요. 수포자는 반복 주기가 짧아야 합니다. 단기간에 이렇게 반복을 되새겨줘야 백지상태인 머릿속에 남게 됩니다. 3번까지는 매일 이어서 풀고, 그 이후부터는 조금 텀을 두세요. 귀찮다고요? 이렇게 꾸준히 해서 노베이스에서 불과 3개월 만에 3등급, 10개월 만에 2등급 안에 들 수 있으면 할 만한 노력이 아닐까요? 남들이 안 하는 귀찮고 번거로운 행위를 해야 상대 등급이 더 수월하게 일찍 옵니다.

틀리는 것을 당연히 받아들이세요. 처음에는 틀리면서 배워야 합니다. 문제를 풀고, 틀리고 막히면, 해설을 보면서 이해해봐요. 해설을 통해 사후적으로 개념의 활용과 지식의 연결을 배워야 합니다. 반복을 통해 인위적으로 그 해설 과정을 나의 사고로 이식시켜야 합니다. 우리가 자생적으로 사고력과 이해력을 키우는 것은 시간이 더디게 걸립니다. 1년 안에 사고력을 비약적으로 급상승시키는 비결은 단연 모방과 흡수입니다. 해설을 모방하고, 따라 풀면서 그 과정을 이해해보세요. 그런 과정을 거친 후에 어느 정도 실력을 쌓은 뒤부터는 스스로 사유할 수 있게 됩니다. 2등급 도달하기 전까지는 해설집 공부법을 해야 합니다.

거꾸로
공부법

명심하세요. 기초기에 연연하며 바닥부터 다지다 보면 진도는 영영 못 나갑니다. 우리의 계획은 1월부터 11월 중순 수능 때까지 수학 모든 단원의 웬만한 문제를 다 푸는 게 목표입니다. 백지에서 2등급까지 가기 위해서는 핵심 위주로 전력 질주해야 합니다.

이론을 익힌 뒤 실전을 준비하지 말고, 실전을 바로 준비하면서 부족한 부분을 실시간으로 채워나가면 됩니다. 우리가 저학년이라면 기초기에 충실하면 됩니다. 하지만 주어진 시간을 감안했을 때 가장 효과적인 전략은 개념과 실전문제를 함께 품고 가는 겁니다.

적용이 먼저이고 이해는 후순위입니다. 일반적인 통념과 반대입니다. 대개 이해를 하면서 개념을 습득한 뒤 그 뒤에 적용하는 훈련을 합니다. 맞는 말입니다. 그렇게 하면 됩니다. 하지만 이해가 안 되는 경우가 있을 거예요. 그러면 그냥 넘어가지 말고 적용하는 훈련이라도 먼저 하라는 이야기입니다. 적용을 하다 보면 추후에라도 이해가 될 때가 있습니다.

우선 전체적인 맥락을 파악하는 데 주력하세요. 가지치기하며 자주 출제되는 뼈대 위주로 공부하세요. 1~2등급이 공부하듯이 공부하지 마세요. 연결과 융합은 나중 일입니다. 우선 처음에는 어떻게든 머릿속에 지식을 집어넣어야 합니다. 이해가 안 되어도 억지로 외워야 합니다. 공식을 좀 팍팍 외우세요. 요즘 아이들을 보면 생각보다 잘 안 외우더군요. 공식은 증명 과정 없이 그냥 외우면 됩니다. 증명이 궁금하면 실력을 더 키우고 이해력이 올라갔을 때 그때 공부해보세요. 거꾸로 공부법입니다. 이해에 집착하는 게 아니라 오히려 어떻게든 억지로라도 익힌 뒤 추후에 이해를 하는 겁니다. 쓰다 보면 이해될 날이 찾아옵니다. 비유하자면 우리가 쓰는 스마트폰조차 기능의 원리를 모른 채 잘 활용하고 있잖아요? 마찬가지로, 지식 또한 그 활용 가치에 신경을 쓰세요. 그러다가 실력이 쌓이고 점차 근원적인 호기심이 생길 때 역으로 그 증명 과정에 관심을 가지면 됩니다.

처음부터 유기적인 연결에 집착하지 마세요. 파편화된 점이 어느 순간에 선으로 연결될 때가 있습니다. 그때까지 기다리세요.

공식만 외우지 말고, 문제를 통으로 기억하세요. 등차수열의 합 공식을 공부했으면 공식만 써대는 게 아니라 관련된 문제를 수십 가지 풀면서 공식을 기억하라는 이야기입니다. 증명과정과 공식의 유도과정도 가볍게 살펴보세요. 가볍게라고 한 이유는 세세한 증명 과정에 너무 집착할 필요가 없기 때문입니다. 학문이 아니라 시험 목적으로는 익혀서 적용하는 게 우선입니다.

삼차함수에서 접선을 처음 공부할 때 세 가지 유형을 접하게 됩니다. 접점이 주어진 접선의 방정식, 기울기가 주어진 접선의 방정식, 곡선 밖의 한 점에서 곡선에 그은 접선의 방정식 이렇게 세 가지입니다. 문제집마다 유형 분류가 잘되어 있습니다. 기계적으로 자꾸 반복해보세요. 고작 한두 번 풀지 말고 각 유형의 문제마다 3~5번 정도 단기간에 풀어봐야 감이 잡힐 겁니다. 풀면서 이해해 보세요. 틀리면서 이해해 보세요. 고쳐가면서 이해해 보세요.

증명할 줄 모른다고요? 그래요. 괜찮아요. 쓸 줄만 알면 돼요. 거꾸로 가세요. 우선 활용할 줄 알아야 합니다. 활용법을 익힌 뒤에 오히려 실력이 늘어난 뒤에 증명을 익히세요. 그런데 교육과정은 증명을 먼저 익히다 보니 여기서 많은 친구들이 나가떨어져요. 우리는 거꾸로 가야 합니다. 이미 만들어진 활용 도구를 쓰는 것에 에너지를 쏟을 뿐, 그 도구를 만드는 방법에 너무 집착해서는 안 됩니다.

수학도 언어와 비슷한 구조로 공부할 수 있어요. 언어도 초기에는 주입식과 암기식 교육을 통해 여러 어휘와 그 언어의 맥락을 익히게 됩니다. 추후에야 각종 논리체계와 문법을 배우게 됩니다. 수학도 마찬가지입니다. 언어 또한 문법보다는 활용 위주로 학습해야 효과를 보듯이 수학도 지나친 이론보다는 활용에 비중을 둬야 합니다.

우선 수학적 정의와 정리를 흡수하고 받아들이며 자연스럽게 풀어나가세요. 그러다가 실력을 쌓고 나서 각종 정리와 공식에 대해 증명을 해 보고, 함께 보다 더 엄밀한 논리체계에 대해 공부해도 됩니다. 단지 공부 초기에 이론에 너무 얽매이면 안 됩니다.

개념 공부 뒤에 문제 풀이 위주로 한다는 고정관념도 버리세요. 개념 따로 실전 따로 공부하는 과정은 공부 기간을 더욱 더 늘리게 만들어요. 이해와 동시에 적용하는 훈련을 해야 합니다. 소단원 하나 또는 하나의 개념을 마칠 때마다 함께 기출문제를 풀면서 역대 어떤 문제가 출제되었고, 내가 방금 배운 개념이 어떻게 등장하는지 공부해야 합니다. 또는 개념이 이해가 안 되면 차라리 문제를 억지로 풀다 보면 거꾸로 그 개념의 활용에 대해 이해될 때가 있습니다.

압축
공부법

예비 고3 수포자 기준, 겨울방학 1~2월에 하루에 수학만 6~8 시간을 투자하세요. 여태까지 강조해온 각성자 공부법을 지켜 보세요. 제가 가르치는 제자들 기준 1~2월 하루 6~8시간씩 수 학을 공부하면 고2 6등급 기준 3월 첫 모의고사 때 3등급 정도 나옵니다. 6월 모의평가는 2등급 후반~3등급 초반이 나옵니다. 여름방학은 역전할 절호의 기회입니다. 이때부터 전 단원 범위 인 실전 모의고사를 주기적으로 훈련합니다. 이때 쐐기를 박고 9월 모의평가는 2등급이 나옵니다. 아직 연습이 부족해서 여전히 3등급이 나와도 마지막 두 달을 더 연습하면 대개 수능 때 2등급이 나옵니다. 비록 노베이스였지만 조금 다고난 수학적 직관이 있는 친구는 1등급도 나옵니다. 불과 10개월 만에 말이죠. 제가 가르치는 제자들이 초고속 성장을 할 때 전국에 있는 수포자 대부분은 여전히 늪에서 빠져나오지 못하고 있습니다.

수포자 탈출에 이어 상위권까지 가기 위해서는 압축적인 공부가 필요합니다. 단기간에 집약적인, 강도가 강한 공부를 투자해야 합니다. 공부는 습관입니다. 또한 엉덩이 싸움입니다. 그렇기 때문에 겨울방학이 중요합니다. 겨울방학 때 어떻게든 종일 앉아서 공부할 수 있는 습관을 만들어놔야 3월부터 11월까지 잘 버틸 수 있을 뿐만 아니라 역전 가능합니다. 당장 3월에 성과를 내겠다는 욕심으로 1~2월을 치열하게 보내야 합니다. 초반에 성과를 어느 정도 내야 자신감이 붙어 남은 기간에 줄곧 최선을 다할 수 있어요. 수포자여도 단기간에 3등급에 올라갈 수 있습니다.

특히 3월 모의고사는 3등급 컷이 대개 50점대입니다. 반타작을 해도 3등급이 나올 수 있습니다. 2점과 3점짜리만 다 맞아도 48점입니다. 즉 4점짜리를 다 틀려도 3월 모의고사 기준 3등급 가까이 나온다는 이야기입니다. 그러다가 재수생과 고3 전부 포함된 11월 수능 기준으로는 3등급 컷이 보통 60 후반~70 초반을 형성합니다. 4점 13문항 중에 4문제만 더 추가적으로 맞으면 되는 점수대입니다. 3월 모의를 마친 뒤 제가 알려주는 방향대로의 8개월 공부량이면 위에 말한 것보다 더 많이 맞힐 수 있습니다.

3등급까지는 쉽습니다. 방향만 잘 잡으면 쉽다는 이야기예요. 상대평가 시험에서 수포자가 많고, 수학을 대충 엉성하게 하는 친구가 많다 보니 제대로 공부하면 3등급까지는 금세 오릅니다. 제가 가르치는 제자들은 추월차선을 타고 성적을 급상승시킵니다. 아쉽게도 전국에 있는 많은 하위권 친구들은 방법도 잘 모를 뿐만 아니라 애초에 그렇게 열심히 하지 않아서 제자리를 맴돌게 됩니다. 압축성장을 지향합시다. 겨울방학과 여름방학을 잘 활용하되 학기 중에도 공부만 해야 합니다. 제 제자 기준 방학은 하루 총 공부량이 12~15시간 정도 나옵니다. 여기에 수학만 절반 가까이 투자합니다. 이런 노력으로 급성장이 가능합니다. 제가 의지가 강한 아이들만 특별하게 따로 골라서 제자로 받아들였을까요? 그건 아니겠죠? 단지 성적이 나쁜 친구, 하지만 이제 1년도 안 남은 기간 동안 변하고자 하는 열의가 가득한 학생들을 제자로 받아들입니다. 즉 여러분도 해내겠다는 결심과 1년 안에 목표를 달성하겠다는 간절한 의지가 있다면 압축성장이 가능합니다. 거기에 방법론과 전략과 노하우만 따라오면 됩니다. 제가 알려주는 방향으로 부디 잘 좇아가보세요.

대부분의 수학 학습 서적을 읽어보면 두 부류입니다. 초등학생 같은 저학년부터 차곡차곡 어떻게 공부를 해나갈지 알려주는 도서가 있습니다. 그 외에는 중학생, 고등학교 대상의 학습 서적인데 이 또한 중3~고1 정도의 독자층을 염두에 두고 쓰였습니다. 그러다 보니 기본기 위주로 강조하고, 장기간의 공부 기간을 계획합니다. 본서처럼 1년 안에 끝내자고 강조하는 책은 어디에도 없습니다. 느림보 공부법에서 탈피하고 각성자 공부법을 택해보세요.

고3 같은 1년도 안 남은 학생, 그것도 수포자 입장에서 어떻게 단기간에 급속도로 성적을 비약적으로 올릴지에 관한 서적은 찾아보기 힘들어요. 설령 있다고 하더라도 그 목표는 수포자에서 3등급 정도까지의 무난한 목표일 뿐입니다. 저는 보다 큰 목표를 잡고 주장합니다. 조금 강하게 말하자면 개나 소나 3등급 정도는 맞습니다. 3등급 미만을 욕보이는 이야기가 아닙니다. 현재 8등급이어도 독하게 마음먹고, 효율적인 지름길을 찾아가고, 제가 알려주는 공부 습관과 지켜야 할 체크리스트만 실천하면 1년이면 1~3등급 나옵니다. 1등급과 3등급 사이의 수준은 여러분의 잠재적인 학업 능력과 공부량에 의해 결정됩니다.

공부 지능이 암만 부족해도 3등급은 나오고, 공부 지능이 괜찮다면 1등급까지 노려볼 수 있어요.

궁극적으로는 1~2등급 정도의 목표로 공부하세요. 압도적인 노력을 통해 스스로 변화의 자극과 압박을 줘서 여러분 안의 잠자고 있던 거인(두뇌의 힘과 의지력)을 일깨워야 합니다.

최소 지식 최대 효과
공부법

공부에 완벽주의를 가지면 안 됩니다. 하나하나 너무 꼼꼼하게, 모든 영역을 샅샅이 철저하게 하려면 주어진 기간 내에 다 마칠 수가 없어요. 큰 줄기 위주로 뻗어 나가면서 부족한 영역은 등장할 때마다 메워 나가세요. 앞에서 이미 고1 과정인 수학 상하를 건너뛰고 바로 수능 직접 출제 영역인 수1과 수2에 뛰어들라고 강조했습니다. 직접 출제를 공부하다가 그때그때 모르는 중학 과정과 고1 과정 소재가 등장하면 따로 보충해 나가면 됩니다. 팁을 하나 주자면, 수학 상하 기본서 교재는 따로 준비해서 백과사전처럼 필요할 때마다 참고하면 됩니다.

예를 들어, 직접 출제 영역을 공부하다가 '근의 공식'을 써야 하는 부분을 만나게 되었어요. 제가 지도하는 학생은 애초에 근의 공식조차 모르는 정도입니다. 그래서 이 도구를 이용하는 문제가 나오면 고1 교재 없이 따로 알려줍니다. 여러분은 개별 수업을 받고 있는 상황이 아니기 때문에 다소 능동적으로 행동해 줘야 합니다. 막힌 고1 과정을 백과사전 찾듯이 수학 상하에서 찾아보세요. 만약 근의 공식을 몰랐다고 치면 관련 파트를 가서 공식을 암기한 다음에 거기에 달려 있는 예제 유제 정도만 반복해서 풀면서 체화시키세요. 심화 문제는 전혀 풀 필요가 없습니다. 기초만 익힌 다음에 다시 직접 출제로 돌아와서 몰라서 틀렸던 근의 공식 문제에 다시 적용시켜 보세요.

가령 제가 가르치는 수포자 제자는 애초에 중3 피타고라스의 정리를 모를 정도입니다. 처음부터 중3 내용을 모른다고 바로 이것을 알려주고 가지 않아요. 공부하다가 피타고라스의 정리가 등장할 때가 있어요. 지수로그함수와 삼각함수가 될 수도 있고, 수열 파트에서 직각삼각형 세 변의 길이가 등차수열인 문제와 마주칠 때가 있을 겁니다. 바로 그때마다 몰랐던 개념을 찾아 보완하면 됩니다. 그리고 그 결과물만 받아들이면 되지, 하나하나 하위 단계의 지식을 증명해가면서 익힐 필요가 없어요. 즉 공부를 하려면 완벽하게 모조리 다 알아야 할 듯하지만 절대 그런 마인드로 공부하면 안 됩니다. 우린 시간 많은 저학년이 아니기 때문에 필요한 지식을 그때그때 보완하는 식으로 갑시다.

우리의 목적은 분명합니다. 최소 지식을 통해 최대 효과를 내는 게 목적입니다. 최단 기간을 통해 초고율 성과를 내는 게 목적입니다. 핵심 공부, 압축 공부를 해야 합니다.

시험에 나오는 부분만 공부하면 됩니다. 덜 나오는 부분은 우선 배제하세요. 미분 단원에서 '평균값 정리' 개념은 상위권 기준 매우 중요한 소재입니다. 상위 개념과 복합적인 유형에 종종 등장합니다. 하지만 수포자가 풀 수준의 문제에는 딱히 필요한 개념이 아니에요. 즉 몰라도 진도를 나가는 데 전혀 지장이 없습니다. 즉 '평균값 정리'를 몰라도 2등급 후반까지 충분히 받습니다. 교과 목차대로 공부하면서 덜 나오는 곳에 집중을 분산하지 마세요. 1~2등급에게 주요 소재라고 하더라도 당장 3등급 받는 데 도움이 되는 요소가 아니라면 우선 가지치기를 하세요. 그리고 2등급 가까이 될 무렵에 공부를 하면 됩니다.

이런 식으로 우선 건너뛰어도 되는 부분이 있습니다. 문제는 대부분 여러분이 현강을 듣든, 인강을 듣든 거의 모든 수업을 교과 과정 흐름대로 진도를 나간다는 겁니다. 즉 잘 나오든 안 나오든 나름 모든 지식을 공평하게 공부하는 겁니다. 당장 수능이 코앞인 우리에게는 비효율적인 방법입니다. 대안은 이렇습니다. 자이스토리 같은 기출문제집을 보면 유형별로 역대 수능과 평가원 교육청 기출을 모아뒀습니다. 재밌는 사실은 앞서 말한 '평균값 정리' 유형 파트를 가보면 수록된 기출 문제가 한 문제도 없습니다. 출제된 적이 없다는 건 아닙니다. 다른 부분과 연계 출제되어서 다른 유형 파트에 있을 뿐입니다. 하지만 단독적으로 직접 출제된 적은 역사적으로 단 한 번도 없다는 겁니다. 이런 개념은 천천히 해도 됩니다. 나중에 융합 출제가 되기 때문에 실력이 향상된 뒤에 공부하면 돼요.

유형별 기출 교재를 꼭 병행하세요. 문제가 많이 수록된 유형은 많이 반복해서 푸세요. 문제마다 옆에 출제 연도와 출제 기관이 나와 있습니다. 수능과 평가원 출제 문제가 없는 유형은 당장 무시해도 괜찮습니다. 더 나아가 출제 연도까지 확인해서 최근 5개년 문제가 없는 유형은 추후에 시작해도 좋습니다. 그렇다고 얄팍하게 최신 기출만 있는 기출문제집을 고르지 마세요. 10개년 치 문제가 있는 교재를 산 다음에 최근까지도 출제되고 있는 유형을 골라서 최신문제부터 시작해서 과거 10년 전에 나온 문제까지 샅샅이 다 풀어야 합니다.

벼락모드
공부법

국어 같은 언어 계열은 단기간에 언어적인 감각과 독해력을 키우기에 한계가 있습니다. 무엇보다 암기의 요소가 덜한 과목이다 보니 오롯이 제약 시간 내에 빠른 이해력으로 승부를 거는 면이 강합니다. 언어의 이해력은 단기간에 비약적으로 증진시키기에는 힘듭니다. 하지만 수학은 부족한 이해력을 암기의 요소도 충당할 수 있어요. 극단적인 공부량으로 단기간에 비약적으로 올릴 수도 있습니다. 수학은 양이 방대해서 벼락치기가 힘들다는 속설을 부정하세요. 공부량이 적으면 그게 맞는 말입니다. 양이 많으니까요. 수학 과목만 무려 세 과목입니다. 그렇기 때문에 모의고사 범위에 맞춰서 진도를 나가는 게 현명합니다.

가령 3월 모의고사 시험 범위는 수1과 수2 전 범위입니다. 대신 선택과목은 아직 초반 단원만 시험 범위입니다. 즉 수1과 수2 공통 영역을 가급적 1~2월에 빠르게 한 바퀴 돌릴 계획으로 공부를 해야 합니다. 공통에서 30문제 중 22문제가 출제될 뿐만 아니라 바로 3월부터 전 범위가 출제되니 겨울방학 때는 공통 과목 위주로 해야 합니다. 선택 과목은 전 범위가 아니라 매번 모의고사 범위에 맞춰서 진도 나가세요.

예를 들어 미적분을 선택한 친구들은 겨울방학 때 수열의 극한까지 공부를 하고, 3월 모의고사가 끝난 뒤 바로 4월 모의고사 전까지 한 달 동안 '지수로그함수의 미분'과 '삼각함수의 덧셈정리'와 '삼각함수의 미분'까지 공부해 둡니다. 4월 모의부터 6월 모의평가 사이, 50여 일간 6월 모의평가 시험 범위에 해당하는 미분법까지 벼락치기를 합니다. 이런 식으로 7월 모의고사까지 적분법의 절반에 해당하는 '여러 가지 적분법'을 대비합니다. 마지막 영역인 '적분법의 활용'은 7월 모의고사를 끝난 뒤 준비하면 돼요. 즉 선행학습을 하지 마세요. 당장 시험 범위에 해당하는 영역을 벼락치기 해나가야 합니다. 매번 모의고사에 점수화시킬 수 있는 영역 위주로 집중 투자해야 합니다.

기출
공부법

유형별로 재정렬된 기출문제집을 꼭 풀어야 합니다. 문제마다 출제 연도와 출처가 적혀 있어야 돼요. 수능과 평가원, 교육청, 사관학교 기출까지 있는 게 좋아요. 시중의 교재 중 자이스토리, 마더텅, 마플 등이 있습니다. 얄팍하게 3~5개년짜리를 풀지 마세요. '나는 수포자니 얇은 게 좋아.'라는 생각을 버리고 문제가 많이 수록된 교재를 보세요. 참고로 저는 최신 9개년 문제가 누적된 자이스토리를 선정합니다. 문제량이 많은 파트는 그만큼 여태까지 많이 출제되었다는 의미입니다. 역으로 문제량이 적은 부분은 건너뛰어도 될 정도입니다. 우선 주요 뼈대가 되는 부분을 중심으로 공부하세요. 공부의 중심은 기출문제집이 되어야 합니다. 기출교재를 수능 때까지 계속 N회독해야 합니다.

즉 처음 공부할 때는 모든 것을 다 익힌다는 생각으로 하지 마세요. 기본 뼈대가 되는 중심축 위주로 지식을 익혀야 합니다. 그런 지식을 저는 필수 지식이라고 부르겠습니다. 필수 지식인지 아닌지는 기출 문제 분석을 통해 파악해야 합니다. 여러분 혼자 하기 힘듭니다. 꼭 유명한 인강 강사의 수업을 들어보세요. 실력대마다 추천하는 강사분들이 다릅니다. 제 블로그에 와서 학생의 구체적인 상황과 실력을 알려주면 적합한 강사를 추천해주겠습니다. 다년간 검증된 인강 강사들의 커리큘럼을 좇아가면 좋습니다.

인강 수업을 듣고 강의 교재만 풀지 말고, 공부한 영역에 해당하는 부분을 기출문제집에서 찾아 더 풀어보세요. 보다 능동적이어야 합니다. 강사분들이 시키는 것보다 더 풀어야 합니다. 주변 친구보다 더 반복해야 합니다.

무한 반복
공부법

이해한 것을 암기해야 합니다. 이해를 이해로 끝내면 감상으로 그치는 경우가 많습니다. 이해한 것을 두뇌에 각인시키고 저장해야 돼요. 한 번의 이해는 대부분의 친구들이 해낼 수 있어요. 문제는 유지입니다. 이해는 본인도 알겠다는 착각만 일으키고 금세 망각됩니다. 암기는 영단어 외우듯이 억지로 외우는 게 아닙니다. 같은 문제를 여러 번 찾아와서 반복해서 푸세요. 이해를 동반한 암기를 해야 합니다. 정확히 말하자면 '이해'를 '암기'하세요. 이해한 과정도 결국 망각되기 마련입니다. 마스터할 때까지 무한 반복하세요.

저는 학생들에게 반복독을 시키고 얼마나 자주, 많이 푸는지 검사합니다. 반년 정도의 기간이라면 한 챕터를 7번 이상 풀 수 있어요. 학교 친구들이 이렇게 반복을 많이 한 교재를 보고 물어보곤 한답니다. "너 왜 푼 거 또 푸냐?" 즉 남들은 반복의 의미를 이해 못 합니다. 그리고 그렇게 물어보는 친구들의 특징은 공부를 잘하지 못한다는 거예요. 여기서 차이가 납니다. 두 번 세 번으로 만족하지 말고, 7번 이상 푸세요. 모의고사 같은 전 단원이 뒤섞인 문제집이 아니라면 대부분 교재마다 단원별로, 유형별로, 개념별로 문제들이 구성되어 있습니다. 파트별로 주기적으로 돌아와서 반복적으로 풀어야 해요. 교재는 일부러 세 권 정도를 교차하면서 푸세요. 대신 그 모든 책을 반복 회독해야 합니다.

수학도 못하는 수포자인데 세 권은 처음부터 무리가 아닐까 싶겠죠? 하지만 고3 올라가는 학생이라면 응당 이렇게 해줘야 합니다. 할 수 있습니다. 몰아서 압도적으로 투자를 해야 역전이 가능합니다. '노베이스니까 천천히 갈래.'라는 안일한 마음은 여전히 수학을 못하게 만들거나 기간만 질질 끌게 만들어요.

세 종류의 책을 병행하세요. 우선 첫 번째는 기본서 교재입니다. 교과서 역할을 담당합니다. 바이블, 개념원리, 정석 같은 책 말이죠. 여기서 개념 부분을 한 번 읽어보고 이해한 뒤, 관련된 문제를 풀어야 합니다. 수포자 입장에서는 혼자 읽어서 이해가 안 되기도 하고, 자신감이 부족해서 선뜻 독학할 생각을 못할 겁니다. 그러면 개념 인강을 꼭 참고하세요. 혼자 하지 말고 인강을 들으세요. 저는 독학만으로 수학 만점을 쟁취했습니다. 그런데 그건 예외적인 일입니다. 제 경우를 강요하지 않습니다. 수포자용 인강 또는 수포자 맞춤식 과외를 받으세요. 현강은 아무래도 수포자가 따라가기 힘듭니다.

두 번째 책은 기출 문제집입니다. 이게 제일 중요합니다. 기출을 분석하면서 출제 경향을 확인할 수 있습니다. 무엇보다 자주 출제되는 유형은 반복되는 경향이 있으니 누적된 양이 많은 영역 위주로 집중투자를 하세요.

세 번째 책은 보충교재입니다. 수포자 입장에서는 쎈을 추천합니다. 우선 쎈의 A, B단계를 풀면 됩니다. (쎈은 문제량이 많을 뿐만 아니라 내신용 문제가 많아요. 다 볼 필요가 없습니다. 수능을 준비하는 학생이면 제 블로그에 찾아오세요. 제가 수능 목적으로 봐야 할 문제를 선별해주겠습니다.)

먼저 기본서와 개념 강의로 관련 지식과 개념을 흡수한 뒤 그 파트에 관해서 기출 문제집을 활용해서 문제를 풉니다. 여기에 반복독 효과를 위해 보충교재로 관련 유형을 한 번 더 풀어보세요. 어차피 비슷한 유형끼리 묶어서 푸는 것이기 때문에 세

권의 책을 통해 반복을 심화시킬 수 있습니다.

　이해력이 좋은 친구와 미리 공부를 시작한 친구를 따라잡기 위해 우리는 숱한 반복을 활용해야 합니다. 반복을 하다 보면 저절로 풀이 과정이 외워집니다. 수학에서 풀이 과정 외우는 것을 부정적으로 바라보는 사람이 있습니다. 괜찮아요. 입시 수학은 창의성을 테스트하는 게 아닙니다. 자동화가 될 정도로 반복을 하다 보면 그게 어느새 완벽한 이해로 돌변합니다.

　저는 아이들에게 강조합니다. "바로 떠올릴 수 없으면 그것은 모르는 거다." 오롯이 시험의 관점에서 주장하는 겁니다. 일상에서는 한 시간 뒤에 떠올릴 수 있어도 괜찮을지 모릅니다. 하지만 시험은 그런 낭비조차 허용하지 않아요. 수능 시험은 더욱더 시간과의 싸움이기 때문에 즉각 떠올릴 수 있어야 합니다. 완벽하게 머리에 지식을 심어둬야 해요. 즉 자동화가 되어야 합니다. 뇌 자동화가 될 정도로 반복 숙달을 해야 됩니다. 그렇기 때문에 반복을 계속 강조하고 있는 겁니다. 고정관념을 뛰어넘을 정도로 반복하세요, 이해만 하는 것은 쓸모가 없어요. 활용할 줄 알아야 합니다. 입력한 것을 출력으로 이끌어 낼 줄 알아야 돼요. 한 문제를 적게는 다섯 번, 많게는 아홉 번까지 푸는 것에 거부감을 갖지 마세요.

　첫째, 전체 공부량을 늘려서 새로운 학습과 복습 모두 추구하세요. 둘째, 복습할 대상을 미리 구상해두고, 선별된 내용 위주로 반복하는 겁니다. 셋째, 주기적으로 교재를 반복독 할 기회를 가지세요. 확실하게 맞은 표시, 애매모호하게 맞은 표시, 틀린 표시, 못 푼 문제 표시 등 다양하게 체크하세요. 그리고 주기적으로 앞 단원으로 되돌아가서 세모, 땡, 엑스 위주로 반복하세요. 동그라미 친 2점 문제는 더 볼 필요가 없습니다. 3~4점 문제 기준 동그라미가 연달아 두 번 정도 나올 때까지 반복하세요. 반복해서 풀 때마다 채점 결과를 누적해 나가세요. 결국 거의 모든 문항이 동그라미가 연달아 두세 번 나올 때까지 관련 교재를 반복해야 합니다. 이 단순한 원칙을 대부분 학생들이 귀찮다고 잘 안 지킵니다. 명심하세요. 남이 잘 하지 않은 복습을 장착한 순간, 결국 이기는 게임이 됩니다.

실전
공부법

저는 수포자만 지도하지는 않습니다. 상위권 학생들도 지도를 하는데 이런 친구는 후반기에 매일 하루 실전 모의고사를 한 회씩 풀게끔 시킵니다. 실모의 효과는 좋습니다. 그건 수포자 여러분에게도 마찬가지입니다. 하지만 수포자 친구들은 처음에는 모의고사를 풀 이유가 없어요. 어차피 풀어봤자 점수가 안 나와서 사기가 떨어질 뿐입니다.

수포자 기준으로는 매달 치르는 전국 단위 모의고사를 보기 전 해당 월의 모의고사 정도를 푸는 것을 추천합니다. 즉 3월 모의고사를 코앞에 뒀을 때, 작년과 재작년 3월 모의고사를 따로 시간 재서 푸는 겁니다. 4월 모의고사도, 그 다음의 6월 모의평가도 그렇게 하는 거예요. 9월 모의평가부터 비로소 전 범위 출제영역이 됩니다. 8월 여름방학 때부터 전 범위에 해당하는 실모를 주기적으로 풀기 시작해야 합니다. 5분은 여유롭게 마킹시간이라고 생각해서 95분 정확히 잡고 연속적으로 풀면 됩니다. 즉 상반기에는 매달 있는 모의고사 직전마다 연습하다가 D-100일 시점부터는 일주일에 2번씩 풀다가 수능 직전에 조금씩 더 횟수를 늘리면 됩니다. 대신 실모 오답을 철저하게 해야 합니다. 틀린 문제만 푸는 게 아니라 틀린 소재와 연계되는 부분을 기본서와 기출문제집까지 찾아가서 유사 문제를 더 풀면서 약점을 대비해야 합니다.

여기서 실모는 두 가지 효과가 있습니다. 제한된 시간 동안 빠르게 푸는 훈련과 시간 관리 연습이 우선 첫 번째 효과입니다. 두 번째는 전 범위 골고루 출제되기 때문에 아무래도 전체적으로 학습할 기회가 생기고, 내가 어디가 부족한지 약점을 체크할 계기가 됩니다. 이렇게 모의고사를 주기적으로 잘 활용해보세요. 학교와 학원에서 보는 모의고사 외에 자체적으로 보는 모의고사를 잘 활용해보세요.

특히 고3 학생들은 재수생에 비해 모의고사 푸는 훈련을 상대적으로 늦게 시작하는 경향이 있어요. 고3 집단은 이런 생각을 많이 하더군요. 상반기에 개념을 열심히 하고, 여름 때부터 여러 문제집을 통해 문제 풀이 들어가고 그 이후부터 실전 모의고사를 통해 대비하는 식입니다.

그런데 실전 모의는 가급적 빨리 시작하고, 주기적으로 보는 게 좋습니다. 보는 횟수는 시험이 다가올수록 늘려나가는 거예요.

제가 학생들의 성적을 올리는 비법 중 하나는 시험을 잘 활용하는 것에 있습니다. 주기적으로 시험을 치릅니다. 여러 장점이 많습니다. 혼자 천천히 숙고하며 풀 때와 달리, 시험은 시간 제약과 그에 따른 심리적 압박감이 있어요. 이런 제약에 익숙해지는 연습을 해야 해요. 이런 훈련 없이 실전 가서 갑자기, 제대로 된 실력을 발휘하기는 힘들어요.

실전 연습이 첫 번째 장점이지만, 두 번째 장점은 자체 모의고사의 결과를 피드백하며 약점을 분석해서 다음 번 모의고사 보기 전까지 보완할 기회가 생긴다는 겁니다. 세 번째 장점은 시험에 대한 공포증을 떨쳐낼 수 있습니다. 많이 보다 보면 익숙해집니다.

시험은 최종 결과를 확인하는 마지막 절차이기도 하지만 우리가 스스로 치르는 시험은 학습을 위한 관문입니다. 시험을 통해 출력하는 연습을 해야 해요. 필요할 때마다 지식을 재빠르게, 자유자재로 꺼내는 훈련이 필요해요. 주기적으로 시험을 치르면서 내가 무엇을 잘 알고, 무엇을 잘 모르는지 테스트해야 해요. 그래서 구멍을 자꾸 메워 나가야 합니다.

수포자를 위한
조언

수포자를 위한 커리큘럼

〈수포자 커리큘럼〉

① 기초 인강 + 기본서(바이블) + 기출문제집(자이스토리) + 보충교재(쎈)

　수능 기출문제집은 수능 때까지 무한 반복

② 서브 노트 만들 두꺼운 스프링 노트

③ EBS수능특강(수능 연계 교재) 6월 모의평가 전까지 1회독 이상

④ 6월 이후 - N제 병행(한석원, '4의 규칙' 추천) + 수능 완성(수능 연계 교재)

⑤ 8월 여름방학부터 - 주기적인 실전 모의고사 자체적으로 보기(주 1회 → 주 2회)

수포자들을 위한 커리큘럼을 최종적으로 정리하면 다음과 같습니다. 개념 인강을 들으면서 이해한 부분을 기본서를 통해 다시 한번 되짚어보세요. 인강 교재 문제들도 풀고, 기본서 예제 유제도 푸세요. 그런 뒤 같은 영역에 해당하는 개념과 유형을 기출문제집에서 찾아 반복해서 푸세요. 처음에는 2~3점 위주로 푸세요. 많이 틀려도 됩니다. 틀리면서 배워나가는 겁니다. 틀린 문제를 해설집을 보고 따라 풀어보면 돼요. 거기서 그치지 말고 또 풀어보고, 내일도 찾아와서 또 풀어보세요. 많이 풀다 보면 점점 외워집니다. 단기간에 3회독 하세요. 여기서 보충교재에 해당하는 쎈에서 A와 B단계를 푸세요. 다 풀 필요가 없어요. 어디를 풀어야 할지 모르면 제 블로그에 방문하세요. 그러면 수포자 기준 풀어야 할 문제들만 짚어서 알려주겠습니다.

서브 노트에는 외워야 할 공식을 적어두면 됩니다. 그리고 매일 거기에 담긴 내용을 살펴보고 까먹은 지식을 외워두세요. 공식 외에 문제 푸는 스킬과 요령을 적어두세요. 저는 수업을 통해 교과서에 없는 스킬도 알려줍니다. 그것을 제자들이 노트에다가 옮겨 적고 활용하는 연습을 하지요. 여러분도 문제집을 통해서든 인강을 통해서든 새로운 스킬과 방법을 알게 되면 그때마다 서브 노트에 단권화를 하세요. 그리고 매일 보면서 뇌리에 새겨야 합니다.

6월 모의평가 이후에는 N제까지 병행하세요. N제는 개념 없이 4점 실전 문제 위주로 짜인 교재입니다. 대개 100여 문제 정도 수록되어 있어요. 한석원 강사의 '4의 규칙'이 대표적인 입문서입니다. N제를 상황과 목표에 따라 공통 과목 수1과 수2 정도는 각각 최소 1~2권을 풀어야 합니다. 실력에 따른 교재 추천을 받고 싶으면 제 블로그에 방문해서 질문하면 구체적으로 알려주겠습니다. 그리고 8월 여름방학부터는 9월 모의평가와 수능을 염두에 두고 실전 모의고사 연습을 일주일에 한 번 정도 해두세요. 9월 모평 이후로는 주 2회씩 푸는 것을 권장합니다. 한 회씩 풀 때마다 틀렸거나 헷갈렸던 파트와 유형을 찾아가서 메우는 식으로 피드백해야 합니다.

EBS 직접 연계교재는 수능 특강과 수능 완성이 있습니다. 연계율이 체감상 높지는 않지만 아예 안 보는 것보다는 풀어두는 게 조금이나마 도움이 됩니다. EBS 교재의 장점은 틀린 문제만 골라서 EBS 앱에서 문항번호를 검색할 때 그 문제와 관련된 인강이 바로 뜬다는 편리함이 있습니다. 해설지를 보고도 이해가 안 되는 문제만 골라서 EBS인강을 들으세요.

수포자 기준, 10개월 동안 매일 수학에 6~8시간을 투자해야 합니다. 하루 전체 공부량 12~15시간 중에 수학을 절반 가까이 하세요. 과거에 공부를 안 한 만큼 이제는 압축적으로, 꾸준하게 해야 됩니다.

수학 실수를 줄이는 방법

수학 만점을 받는 친구들도 종종 계산 실수를 합니다. 인강을 찍는 유명 수학 강사들도 카메라 앞에서 실수가 자주 노출됩니다. 다 풀었는데 계산 때문에, 실수로 틀렸다고 하소연하는 학생들 얼마나 많습니까? 특히 발상이 아니라 계산 실수 때문에 틀리는 경우는 자책하기도 합니다.

계산 실수를 하지 않는 사람은 없습니다. 인간인 이상 누구나 인지적 오류와 착각을 하게 마련입니다. 실력에 따라 실수의 횟수가 다를 뿐입니다. 실수를 늦지 않게 발견하고 교정해내는 것 또한 실력의 일부분입니다. 고수들은 풀면서 왠지 모르게 실수를 직감하고, 그 실수를 찾아 교정합니다. 그런 직관조차 실력의 일부분입니다.

실수 확률과 빈도의 수를 줄이기 위해서는 우선 연습을 많이 해야 합니다. 계산 문제의 실수가 많다고 일부러 계산만 연습할 필요는 없습니다. 계산력은 문제를 많이 풀면 해결됩니다. 대신 계산을 줄일 수 있는 공식 또한 많으니 그 정도는 따로 익혀둬야 합니다. 가령 중학생 기준으로는 정삼각형 높이 공식과 넓이 공식 정도는 알고 있어야 합니다. 고교 적분 파트에서는 여러 다항함수와 관련된 넓이 공식이 알려져 있으니 그 공식을 써서 간단히 풀어야 괜히 정적분을 하다 계산량이 늘어서 실수할 여지를 줄일 수 있습니다. 문제를 많이 풀다 보면 감이 잡히기도 하고 실수도 저절로 줄어듭니다.

구체적으로 계산 실수를 고치려면 어떠한 노력을 해야 할까요?

첫째, 계산의 문제는 평상시 습관과도 관련이 있습니다. 수학 강사들 입장에서는 칠판에서만 풀다 보면 종이에 쓰는 것이 어색해서 실수가 많이 생기기도 합니다. 반대로 연습장에서 풀다가 모처럼 칠판에 풀면 실수가 생기기도 합니다. 학생 기준에서는 어떨까요. 요새 태블릿 PC 위에서 직접 문제를 푸는 경우가 많이 보입니다. 이런 습관도 실전의 관점에서는 그리 좋아 보이지 않습니다. 종이 연습장 위에다 푸세요. 아날로그 방식으로 공부하는 게 좋습니다. 시험 현장도 디지털이 아닌 아날로그 방식으로 구성됩니다. 평상시 실전처럼 연습해야 합니다.

둘째, 계산 실수는 결국 시간의 문제입니다. 가능하면 풀이 과정을 꼼꼼히 써서 푸는 습관을 들이세요. 시간에 쫓기다 보니 간소한 방식으로 식을 줄여서 쓰다가 실수를 범하는 경우가 종종 있습니다. 너무 간략하게 쓰지 말고 체계적이고 꼼꼼하게 적어야만 추후에 다시 보면서 계산 과정을 검토할 수 있습니다. 실수가 발견되면 그때 계산이 잘못된 부분을 고치면 됩니다. 틀리면 남는 시간을 활용해 검산해보면서 어디서 실수가 있는지 발견해보세요.

셋째, 과정을 깔끔하게 써야 합니다. 특히 악필로 써서 자기 글씨와 숫자를 알아보지 못해서 틀리는 경우를 종종 봅니다. 특히 남학생들한테서 말이죠. 이리저리 종이의 빈 공간을 오가면서 낙서를 하다시피 풀이 과정을 쓰는 경우가 있습니다. 조금 나란하고 단정하게 쓰는 연습을 해 보세요. 급하게 휘갈기지 말고, 최소한 본인만이라도 제대로 알아볼 수 있게끔 풀이를 나열하세요.

넷째, 인간인 이상 누구나 실수를 합니다. 단 그 실수를 발견하고 교정하기 위해서는 검토가 필요해요. 검토를 하려면 다시 한번 더 풀 수 있을 시간이 필요합니다. 같은 수학 만점이어도 일회적으로 운 좋게 만점을 받는 친구도 있고, 늘 만점을 받는 친구도 있어요. 후자 같은 학생은 수능 기준 30문제를 다 풀고도 40분 정도 남을 때가 있어요. 그러면 한 번 더 문제를 또 푸는 겁니다. 눈으로만 과정을 검토하는 게 아니라 직접 다시 풀어보면서 오류가 있는지 다시 확인합니다. 다른 풀이가 가능한 문제라면 다른 방법을 통해 검토해봅니다. 즉 실수와 오류는 많은 사람이 저질러요. 그것을 발견하고 고치려면 검토 시간이 충분해야 합니다. 검토할 시간이 없다면 한 번 풀 때 착각과 실수가 없게끔 철저하게 풀어야 합니다.

계산 실수를 만회하는 노력도 중요하지만 원인을 찾아서 고치는 노력도 중요합니다. 계산 실수를 자주 하는 원인은 무엇일까요?

첫째, 계산을 많이 해 보지 않은 관계로 문제가 익숙하지 않아서입니다.

이런 경우에는 실수하는 영역도 결국 단원마다 다를 겁니다. 유독 실수가 잦은 파트는 많이 풀면서 친숙해지는 노력을 기울여야 합니다.

둘째, 그 문제의 풀이에 자신이 없어서 의심하면서 계산하는 문제일 경우에 실수를 하게 됩니다.

그 문제에 자신이 없기 때문에 왠지 이렇게 푸는 게 아닐 것 같다는 우유부단하고 어정쩡한 생각으로 질질 끌다가 틀리는 경우입니다. 다른 방법을 알고 있는 게 아니고, 지금 내가 설계한 방법이 논리에 적확하고 인과성이 있다면 쭉쭉 풀어보세요. 그리고 풀이 과정에 숫자가 안 이쁘게 나오거나 큰 수가 나오면 주저하는 경우가 있어요. 왠지 아닐 것 같다는 생각이 들면 썼던 풀이 과정을 눈으로 확인해보세요. 오류가 눈에 안 띄면 풀던 과정을 믿고 쭉쭉 진행하세요. 가끔은 숫자가 지저분하게 나오는 경우도 있잖아요?

셋째, 시간이 부족할까 걱정하느라 덤벙대다가 허둥지둥 풀다가 실수를 연발할 수도 있습니다.

이때는 마인드컨트롤이 필요합니다. 물론 최우선은 최적의 시간 확보입니다. 다른 문제가 남아있다면, 계산량이 많아 보이는 문제는 우선 건너뛰고 나중에 풀어보세요. 평상시보다 빨리 풀겠다고 대충대충 풀다가 틀릴 확률이 크니 다른 문제를 먼저 푼 뒤 시간을 확보해 꼼꼼하게 풀어보세요.

넷째, 정신이 피곤해서, 두뇌 에너지가 다 소진되어서 실수를 하는 문제입니다.

이 경우는 그나마 다행입니다. 가령 수능 특강 같은 교재는 대충 180여 문제가 있습니다. 욕심으로 하루 만에 이 교재를 다 풀고 오는 학생들이 있습니다. 할 만한 문제를 왜 틀렸는지 그 이유에 대해 물어보면 막판에 푸느라 힘들어서 실수했다고 답변합니다. 이러한 실수는 괜찮습니다. 하지만 수능 당일에는 국어 영역에 힘을 너무 쏟아부어서, 또는 국어가 어려워서 멘탈이 깨지는 바람에 수학을 망쳤다는 것은 한낱 변명거리가 될 뿐입니다.

마지막으로, 수학 계산을 할 때 한 가지 조언을 하자면 계산하는 동안은 다른 생각하지 말라는 겁니다. 계산 실수는 문제를 풀어가는 중에 이 풀이가 맞는 건가 하는 의심을 하면서 (생각을 하면서) 계산하기 때문에 자주 생깁니다.

그러다가 보기에 없는 답이 나오기라도 하면 '그렇지 이 방법은 아닐 거야.' 그래서 다른 방법으로 궁리하다 보면 시간 잡아먹고 급한 마음에 알고 있는 다른 문제들도 실수 연발로 틀리게 되는 겁니다. 지금 눈앞의 문제를 풀면서 다른 문제를 생각하거나 이미 꼬여버린 지난 문제가 아른거리며 계산을 하기 때문에 수렁에 빠지기도 합니다.

실수는 줄일 수 있습니다. 실수는 누구나 합니다. 실수하는 것이 문제가 아니라 실수를 찾아낼 시간을 확보하지 못하는 것이 문제입니다. 평상시 연습을 통해 계산을 줄이는 연습을 합니다. 우리 모두 인간인 마당에 현장에서, 실전에서 누구나 실수를 하고 앞으로도 할 겁니다. 검산 및 검토할 시간을 꼭 확보해야 합니다. 그러기 위해서는 정형화된 문제는 빨리 풀 수 있는 스킬 정도는 준비해둬야 합니다. 그리고 자주 나오는 계산 정도는 계산량을 줄일 수 있는 계산 비법이나 몇몇 수치에 대해서는 암기가 되어야 합니다. (자주 나오는 시그마값이나 조합 값이나 각종 거듭제곱 계산, 정적분 활용에서의 넓이 공식, 미분 단원에서의 여러 비율 관계, 미적분에서는 사인함수,

코사인함수의 넓이 등등) 또한 로피탈의 정리 등 교과서 공식 외의 (교과외) 공식도 공부해둬서 검토용으로 활용해보는 것도 좋습니다.

이에 대해서는 각종 교재나 인강에서도 잘 소개되어 있기 때문에 정보는 충분히 습득할 수 있습니다. 나머지는 의지와 부단한 연습의 몫이죠. 그리고 자주 실수하는 포인트(가령 거리 구할 때 절댓값을 안 붙인다 등등)를 실수 노트에 만들어서 시험 보기 직전마다 매번 확인하고 가는 것도 좋은 방법입니다.

시험 불안 해소하는 방법

실전에 가면 주눅 들고 긴장해서 실력 발휘를 제대로 못 하는 바람에 평상시 점수보다 못한 결과를 수능 때 받는 경우가 많습니다. 하지만 신기하게도 실전에서 평상시 모의고사보다 더 높은 결과를 받는 친구들도 꽤 있어요. 참고로 저는 후자의 경우였습니다. 혼자 푸는 집 모의고사보다는 학교에서 푸는 모의고사를 더 잘 봤습니다. 그리고 학교 모의고사보다는 수능을 더 잘 치렀고요. 그 차이는 집중력에서 비롯됐습니다. 저는 오히려 긴장하고 각성해야 문제가 더 잘 풀리는 학생이었습니다.

과도한 불안과 초조함이 문제일 뿐 적절한 긴장은 오히려 도움이 됩니다. 사고를 기민하게 하고, 조금 더 집중력을 높여 눈앞의 목표에 주의 집중하는 데 도움 됩니다. 혼자 풀 때는 아무래도 긴장을 덜 하니 각성이 부족한 상태입니다. 이때는 실력 발휘가 잘 안 되더군요. 하지만 수능 시험장은 정말 눈앞의 문제에만 집중을 하니 한결 더 나았습니다.

적절한 긴장은 이렇게 집중력을 올려주지만 과도한 긴장은 역으로 집중력을 흐트러지게 합니다. 균형이 중요합니다. 그래서 저는 수능 시험 같은 큰 시험을 볼 때는 속으로 이렇게 되뇌곤 합니다. '못 봐도 돼. 이것 하나 못 본다고 인생이 어떻게 되지는 않아. 정 안되면 한 번 더 준비해서 보면 되지.' 이런 식으로 속삭입니다. 못 보자는 게 아닙니다. 못 봐도 되니 이제까지 해온 만큼의 최선을 다하자는 자기 다짐입니다. 잘 보든 못 보든 그것은 그냥 내 운명이라고 받아들이기로 했습니다. 체념이 아니라 초연함이자 나름대로의 평정심입니다. 너무 큰 불안감과 초조함에 휩쓸리지 않기 위한 자기합리화일지도 몰라요. 그런데 분명히 효과가 있어요. 실전의 자리에서 잘 보겠다고 괜히 더 힘을 주고, 못 보면 안 된다는 강박관념이 있으면 오히려 역효과가 납니다. 시험을 보다 보면 막히고 곤궁에 처하는 상황은 꼭 있게 마련입니다. 아무래도 꼭 잘 봐야 한다는 압박감 때문에 막히거나 안 풀리는 문제가 있을 때마다 정신적 혼란을 겪게 됩니다. 즉 멘붕이 오고, 그 초조함과 정신적 압박이 다른 문제까지 심리적 영향을 끼쳐요.

초연하게 보는 게 좋아요. 현장에서는 '못 봐도 괜찮아.'라는 마인드로 침착하게 푸는 게 좋아요. 편안한 마음으로 느슨하게 보라는 게 아니에요. 최선을 다하되 결과에 대해서는 추후에 생각하는 겁니다. 그리고 시험은 상대평가이기 때문에 중간중간 막히더라도 '나에게 어려운 문제는 다 같이 어려울 거야.'라는 마음으로 스스로를 달래고 넘겨야 합니다. 실점에 너무 연연할 필요가 없어요.

막히는 문제를 마주했을 때 바로 떠올리지 못하고 시간이 걸릴 듯하면 우선 패스하고, 다른 문제를 먼저 풀고 다시 돌아오는 전략도 현명한 방법입니다. 방법이 안 보이고, 생각이 안 나는 문제는 압박감과 시간에 쫓기는 초조함 때문에 문제를 계속 바라봐도 발상이 안 날 가능성이 크기 때문에 우선 다른 문제를 풀고 다시 심적 여유를 되찾은 다음에 재도전하는 게 나아요. 처음에는 안 보이다가도 다시 돌아오면 문제가 잘 이해되는 경우도 많아요. 그러하니 처음에 막힌다고 너무 당황하지 말고 자기 페이스를 잃지 마세요.

시험 때마다 과도한 긴장과 불안으로 실력 발휘를 못하거나 평상시보다 실수를 많이 하는 친구는 긴장된 상황을 만들어서 시뮬레이션 연습을 많이 해둬야 합니다. 수능 입시생이면 학원에서 1주일에 한 번 모의고사를 치르는 수업을 신청해서 들어도 좋아요. 아니면 혼자 힘으로 자체적인 시험을 자주 치러보세요. 대신 시험 보는 장소를 다양하게 바꿔가면서 보는 게 좋아요. 집, 스터디카페, 학교, 도서관, 카페 등 다양한 장소를 오가면서 여러 환경에서 시험 치르는 연습을 해 보는 겁니다.

마지막으로, 저는 여태까지 다수의 학생들을 지도해왔습니다. '이 시험은 기필코 잘 봐야 돼. 무조건 성과를 내야 돼.' 이런 압박감과 강박관념이 있는 제자들이 본인의 실력을 뜻대로 발휘하지 못하더군요. 반대로 마음을 비우고 조금 편하게 보는 애들이 잘 볼 때가 종종 있어요. 시험을 볼 때는 다소 둔감하게 볼 필요가 있습니다. 그리고 여러 번의 시험과 다양한 환경과 상황에서의 시뮬레이션을 통해 내성을 키워보세요.

시험은 상대평가니, 어려우면 다 같이 어려울 거라고 합리화하세요. 그리고 찍은 것은 오늘 다 맞을 거라고 긍정적인 생각으로 풀 수 있는 문제에 주력하세요. 내가 어쩔 수 없는 것에 마음이 휘둘리면 안 됩니다.

실전 현장에서의 마인드 컨트롤이 중요합니다. 그리고 마음의 방향은 어느 정도 의식적인 주의에 의해 전환할 수 있습니다!

각성자 공부법 수기

각성자 공부법에 부합하는 공부 수기 하나를 부록으로 첨부합니다. 공부와 거리가 멀었던 고2 학생이 공부에 대한 각성을 했습니다. 고2 초반에 밑바닥부터 공부를 시작해서 단 1년 만에 300점을 올렸습니다. 고2 초반 모의고사 점수 160점에서 공부를 시작해 고3 3월 모의고사에서 500점 만점에 490점이 나왔습니다. 그때까지의 과정이 온전히 담겨 있는 수기입니다. 압도적인 노력으로 압도적인 성과를 만들어 낸 사례입니다. 공부에 대한 자극용으로 일독 이상의 가치가 있습니다. 수기의 주인공은 추후에 정시로 당시에 가장 들어가기 힘들었던 서울법대에 합격했습니다.

*****

부끄러운 이야기이지만, 저는 고2 초반까지 수많은 방황을 겪었습니다. 바닷사람 특유의 거친 성질 때문인지 정말 수없이 많은 다툼을 해왔습니다. 초등학생 때부터 세상이 얼마나 무서운 건지도 모르고 담배와 술을 하기 시작해서 방황이 끝날 때까지 돌이켜보면 하루에 한 보루에 가까운 담배를 피웠고, 술은 거의 2~3일에 한 번씩 정말 지독하게 마셔서 위장이 헐어버릴 정도로 추악한 인생을 살았습니다. 그런 저에게 빛이 되어주었던 것은 지금은 세상을 떠난 제 여자친구였습니다. 어찌 되었든, 제 여자친구가 반년간 투병을 하다가 세상을 떠나는 것을 봤습니다.

여자친구가 제게 남긴 유언은 간단했습니다.

"난 네가 세상을 살아가면서 앞으로도 또 많이 싸울 걸 생각하면 무섭다? 내가 보기에 너는 법원에 있어야 돼. 근데 내가 보기엔 너는 9급 공무원도 되기 힘들다고 하더라? 공무원이 되어 봐. 우선 그걸로 네가 세상을 살아가면서 알아야 될 법도 알고, 또 너 스스로를 컨트롤할 수 있는 사람으로 발전하고 또 가장 거기에서 기대하는 건 너 스스로 네 인생의 기반을 세우는 거잖아. 잘나가는 직업은 아니지만 너라면, 그 직업에서 그칠 거라고 생각하진 않아. 넌 한 가지 직업에 얽매일 사람은 아니야. 내가 지금까지 본

너는 적어도 한 가지에 얽매일 만큼 작은 그릇을 가진 사람은 아니니까. 우선 난 네 인생의 기반이 적어도 안정적인 것으로 하나쯤은 다져져 있었으면 좋겠어. 내 맘 알지? 내 부탁 들어줄 수 있지?"

여자친구의 마지막 부탁이었습니다.

'똑바로 산다. 이제 더 이상 방황하지 않는다. 이제 지난날의 나약한 나는 더 이상 없다. 더 이상 나 자신의 존재의 의미를 부정하면서, 나 자신을 철저하게 파괴하는 나는 없다. 이제, 나의 존재의 의미를 부여해 준 소중한 사람 그리고 그 이외의 내가 사랑하는 모든 사람들에게 나의 존재의 의미를 보여주기 위해서 이제 나도 남들이 하는 공부라는 것을 해야 한다. 아니 하겠다.'

그런데 제가 아는 것은 '공부는 어렵다'는 것입니다. 그리고 저는 고2이고 내신 성적은 전부 최하 등급, 출석부는 1학년 결석 61일이며 학생기록부는 '무책임, 성실하지 못함, 폭력적, 반항적, 사회적인 적응력 부족, 게으름'이라 적혀 있었습니다.

도저히 학교 공부로는 승산이 없을 듯싶어서 허겁지겁 모의고사 시험지를 인터넷으로 구해서 풀어보았습니다. 성적은 400점 만점에 160점, 찍어서도 맞을 수 있을지도 모르는 성적이었습니다. (고2 당시에는 총점 400점 만점이고, 다음 해인 고3에는 교육과정의 변화로 500점 만점이 되었습니다.)

순간, 눈물보다 오기가 생겼습니다.

'여기서 성공한다면 난 자랑스럽게 말할 수 있다. 이겼노라고. 그 크나큰 시련을 내 인생 최초의 관문을 나의 노력만으로 자랑스럽게 열어젖히겠노라고. 내 여자가 잠들어 있는 곳에서 나의 노력을 자랑스럽게 말하고 싶다. 한다, 죽어도 한다. 하고 만다. 성공하고 만다. 정말 해야 한다. 아니 한다. 왜 못하겠는가. 한다! 한다!'

국어 성적은 최선을 다해서 풀었는데 40점이었습니다. 무엇이 문제인지 알 필요가 없다고 보았습니다. 왜냐고요? 다 문제였으니까요. 친구들 중에서 공부를 안 하는데 문제집만 사 놓은 친구들에게 부탁해서 문제집을 얻었습니다. 무려 30권이었습니다. 2학년 3월에 개학을 하면서 학교 수업을 모두 제치고 국어 문제집을 풀기 시작했습니다. 독하게 하루에 2시간을 잤습니다.

'우선 무조건 풀고 보자. 풀어야 뭘 알 것이 아니냐.' 생각하며 수많은 문제집을 풀지만 계속 틀리고, 틀리고, 또 틀리고. 그래도 풀고, 풀고, 계속 풀고, 무작정 풀고, 반복의 연속이었습니다.

그런 뒤 모의고사를 봤습니다. 국어 성적은 30점 향상. 읽는 속도가 빨라져서 찍은 지문이 없어서인지 겨우 그 정도까지 올랐습니다. 총점은 400점 만점에 180점이었습니다. '아직 시간 많이 남았다.' 국어 모의고사를 보면 유형이 익숙해져서 외워지기 시작하더군요.

이제 국어보다 수학이 하고 싶었습니다. 중학교 때부터 아예 하지 않았는데 과연 가능할까? 결국 보충 수업을 빠지고 중학교 때 학교에서 수학을 잘 가르치시는 선생님을 찾아가서 하루에 4시간씩 수업을 듣고, 또 공부 안 하는 친구들 문제집을 빌리고 서점에 가서 중학교 수학 관련 서적을 모조리 샀습니다. 이론서도 읽고 문제집도 풀고 한심해 보였지만 그래도 중학교 것부터 다시 시작해야 한다고 생각했습니다. 한 달 만에 50권을 넘게 풀었습니다. 그리고 다시 본 모의고사. 성적이 더 떨어졌습니다. 170점입니다. 미치는 줄 알았습니다. '그러나 여기서 포기할 수는 없다. 아직 시작인데 무슨.' 역시나 좌절하지 않고 한 달 동안 중학교 1, 2, 3학년 내용 모두를 독파하고 다시 야자를 시작해서, 학교 수학 선생님께 절박하게 부탁해서 저녁 7시부터 10시까지 수학 과외를 받기 시작했습니다. 또 학교 수업을 무시하면서 정석과 개념 원리를 붙잡기 시작했습니다. 이제 고1 수학 과정에서 저의 머리에 한계가 오기 시작했습니다. 머리가 아팠습니다. '그러나 여기에서 무너져서는 안 된다. 여기에서 무너지면 아무것도 할 수 없다.' 바로 집으로 가서 아버지께서 자주 보시는 책들이 꽂힌 책장을 뒤졌습니다. 아버지께서는 책 읽는 것을 좋아하셔서 서재에 따로 책을 정리해 놓으셨습니다. 그중 홍정욱의 하버드 유학기인

『7막 7장』 그리고 이명박 전 대통령의『신화는 없다』두 권이 보였습니다. 미친 듯이 읽어나갔습니다.

그리고 책상과 제 방의 벽, 그리고 학교 복도, 반 책상, 사물함 모든 곳에 도배를 했습니다.

"魂卽炎" 제 멋대로 생각한 것입니다. "혼은 즉 불꽃이다, 타올라야 한다."

"魂卽炎 나의 혼은 타고 있어야 한다. 타고 있지 못하면 의미가 없다."

공부가 힘들 때 내 눈을 어디로 돌려도 그 세 글자는 내가 볼 수 있도록, 모조리 도배를 해 뒀습니다. 저는 그 책을 읽는 순간부터 그 세 글자를 적고 학교 곳곳에 써 붙이는 짓을 이성을 잃은 채, 해나가고 있었습니다. 아무래도 좋았습니다. '죽으라고 하면 되는 거지.' 그렇게 이성을 잃은 채로 했던 작업을 모두 마치고 잠은 자야 될 듯싶어서 잠을 청했습니다. 저는 그날 태어나서 처음으로 12시간 이상 잠을 잤습니다.

고1 과정의 수학이 전날까지만 해도 정말 무겁게만, 힘겹게만 느껴졌는데 이젠 어렵긴 해도 해낼 수 있다는 생각이 가득했습니다. 그렇게 고2 4월 동안 고1 과정인 수학 상하를 다 끝내고 5월 2

주 동안 배운 내용을 모조리 한 번씩 훑으면서 모르는 내용은 선생님에게 가져가서 질문하고 신문을 읽기 시작했습니다.

아무래도 제가 국어나 사탐에서 정보를 얻고, 실력을 쌓을 길은 '읽고, 접하는 것'입니다.

신문만이 지금 저에게 공부 이외의 부분에 도움을 줄 수 있다고 생각하여 신문을 신청해서 잠을 1시간 더 줄였습니다. 잠은 하루 1시간 잤습니다. 효율이고 뭐고 '공부를 안 한 놈이 자면 되겠냐. 나 같은 놈은 자면 안 된다. 나라는 놈은 잠 1시간이 사치이다. 어디서 눈꺼풀을 감느냐. 한심한 놈.' 속으로 온갖 욕을 해가면서 자신을 채찍질해가면서 공부했습니다.

남은 5월 3주 차부터 수1을 공부하기 시작했고 학교 수업이 수1부터는 들어줄 수준이 되지 못해서 인터넷 강의의 도움을 받기 시작했습니다. 수1의 개념을 잡는 강의를 듣고 복습하고 많은 문제집을 사서 그 단원을 싹 다 풀었습니다. 시간이 모자랐습니다. 그래도 신문을 빠지지 않고 읽었습니다. 그러나 별로 남는 것이 없었습니다. 이제 2학년 6월이 되었습니다. 분명히 진도는 다 뺐는데 왜 성적이 오르지 않을까. 수1에 관련된 모의고사를 풀어보기 시작했습니다. 얕게 공부했다는 것이 드러났습니다.

'안 되겠다. 이제 수학 정석부터 다시 시작하자.'

6월 한 달 동안 수학 정석 한 권만 봤습니다. 정석의 모든 문제를 다시 다 분석하고 또 보고 또 보고, 하루 종일 수학 공부 하나만 하는데 왜 그렇게 시간은 잘 가는지.

저는 인터넷으로 듣는 정보도 무시하고 오직 무식하게 해 보자 결심했습니다. '우선 무식하게 우직하게 밀어붙여보자. 지금 나에게 전략이 무슨 도움이 되는가. 우선 우직하게 다 쌓아놓고 나서 그때 전략을 쌓아야지 모래 위에 성을 쌓는 것이 말이 되는가. 나는 아직 모래에 불과하다. 우선 단단하게 자신을 굳혀놓은 뒤에 전략을 짜자.'라고 결심했습니다.

6월에 결국 정석 수1을 끝내고 7월에 또 다른 문제집을 풀어보기 시작했습니다. 천천히 풀었는데 이번에는 5일이 걸리지 않았습니다. '어떻게 된 걸까. 젠장. 내 머리가 이상해진 건가.'

그날 저녁, 학교에서 풀어야 할 모든 문제집을 옮겨놓았습니다. 7월 말까지 제가 가지고 있는 모든 수1 문제집을 해답지를 보지 않고도 모두 풀어 넘길 수 있었습니다. 무언가가 이상했습니다. '내가 한 게 뭐가 있는데? 그냥 모르는 문제 선생님들한테 질문하고, 궁금하면 전화해서 여쭤보고, 또 생각하고 생각하고, 해답 안 보려고 노력한 것뿐인데. 이렇게 쉽게 얻어지다니.'

결국 어렵기로 소문난 수1 문제집들을 풀어보기 시작했습니다. 그것도 신기하게 다 풀렸습니다. '아, 내 정신이 이상해진 거구나. 그렇지 않고서야 어떻게 나 같은 놈이 이렇게 쉽게 문제를 풀까. 이건 말도 안 된다.' 그러나 그것은 현실이었습니다.

저는 그날부터 동네 서점에서 볼 문제집이 없어서 인터넷으로 수1 문제들을 구해서 풀어보기 시작했습니다. 수학은 정말 원 없이 풀었다는 사실을 스스로 깨닫기까지 또 2주를 소비하였습니다. 그리고 8월 3주 차부터 인터넷에 공개된 수1 파일들을 출력해서 틈틈이 풀어가면서, 이제는 영어도 공부를 해야 되겠다는 결심을 했습니다.

우리나라 사람들이 가장 많이 보는 영단어장 두 권을 샀습니다. 능률 단어책과 우선순위 영단어, 두 권을 4일 동안 외웠습니다. 3일 동안 복습하고 서점에 가서 가장 이해하기 쉬운 영문법 책과 문법 문제만 수없이 들어있는 문제집 한 권을 샀습니다. 문법책을 하루에 5번 읽고, 다음 날 10번 읽고, 다음 날 20번 읽고 이해한 내용이 요약되어서 자동으로 암기될 때까지 교과서를 읽듯 계속 읽고 또 읽고 또 읽고 4일 동안 영문법 책을 읽고 단어를 복습하고, 수1 문제를 풀고, 신문을 봤습니다.

보던 영어책이 구어체로 되어있던 관계로 그냥 그 내용 그대로 목차만 적어놓으면 진짜로 수업을 할 수 있을 듯한 상태가 되도록 읽었습니다. 그런 뒤에 문법 문제집을 풀기 시작했습니다. 문법 문제집을 풀 때, 예를 들어서 능동과 수동을 묻는 문제가 나올 경우 바로 그 부분의 핵심과 몇 가지 제 약점 포인트를 모조리 적었고, 풀고 난 뒤에는 그 문장을 암기하고 그 문제집에서 모르는 단어를 모조리 외웠습니다. 그리고 단어 복습하고 수1 여전히 풀면서 신문 읽어 가면서 문제집 한 권을 3일 동안 풀었습니다. 오랜만에 모의고사를 보았습니다.

성적은 수학은 만점, 영어는 82점, 국어는 60점.

사탐은 신문으로 접해서 아는 지식이 쌓였는지 절반 정도 맞았습니다. 현재 총점은 400점 만점 중 292점. 아직 만족할 만한 성적은 아니지만 가능하다고 느꼈습니다.

그러고 나서 다시 또 서점에 갔습니다. 독해에 좋은 문제집은 거의 없었습니다. 원서 중에서 가장 적합한 듯한 책을 한 권 사고, 그 책을 위주로 우선 독해를 해 보기 시작했습니다. 다 좋은데 문장구조가 아직 체계적으로 박히지가 않더군요. 문법을 외워서 적용하는 식으로 하다 보니 한계가 있었습니다. 결국 해석을 하는 데 크게 도움이 될 수 있는 책을 알아내서, 인터넷으로 그 책과 함께 독해 문제집을 5권 샀습니다. 해석하는 기술이 제대로 실려 있었습니다. 책 안의 키포인트가 되는 문장들을 모조리 외웠습니다. 그리고 읽어 가면서 문제집 한 권을 잡고 해석 포인트를 모조리 적용하는 연습을 했습니다. 하고 또 하고 오직 무식하게 반복에 반복을 거듭한 뒤에, 이제 책을 펼치지 않고 스스로 그 안의 모든 포인트들을 3권의 문제집에 적용하기 시작했습니다. 문제는 풀지 않고 선지까지 모두 다 해석했습니다. 그리고 마지막 날, 시간을 재고 남은 문제집 한 권을 통째로 풀어나가면서 그 포인트들을 모두 적용시켜 나갔습니다. 2문제 빼고 다 맞혔습니다.

이제 읽는 속도는 괜찮은데 무작정 읽는 것보다 체계적으로 읽고 싶어서 독해 기술이 있는 책을 사고 싶었습니다. 원서로 된 책 중에서 아주 좋은 책이 있어서 그 책을 바탕으로 천천히 연습하면서 문법 문제집 1권, 영어 3개년 기출 모의고사, 그리고 모르는 단어 정리와 함께 단어장이라고 치기에는 문장과 문단이 너무 많이 들어있어서 해석능력을 시험하기에 딱 좋은 단어장을 한 권 구입해서 수1 문제, 그리고 신문과 함께 1주일 동안 풀어나갔습니다. 저는 그렇게 수능 영어의 듣기 영역을 제외한 모든 부분을 한 달에 정리했습니다. 그러고 나서 역시나 확인하는 차원으로 매일같이 영어 영역 독해 문제집을 풀어보기 시작했습니다. 2주 동안 서점에 있는 문제집 전부 다 풀었습니다.

8월 마지막 주 수요일, 갑자기 몸이 아팠습니다. 앓아누워서 학교를 가지 못하고 피를 토하고, 고열에 시달렸습니다. 그 와중에 정신 있을 때 수학 공식을 따로 정리해둔 노트와 영어 단어장과 문법+해석 포인트를 정리해둔 노트는 왜 그렇게도 많이 보았는지 하나도 까먹지도 않았습니다. 장장 3주간 아파서 학교를 못 가면서도 '참으로 많은 공부를 하였구나.'라는 것을 느꼈습니다. 남들은 영어를 오랜 기간 해야 된다고 하지만 저는 목숨을 걸고 했습니다. 목숨을 걸고, 수능이 원하는 수준의 난이도는 지금 시중에 나와 있는 좋은 책들을 참고해도 충분하다는 확신을 가지고, 정말 죽을힘을 다해서 했습니다. 여자친구의 무덤을 3월 초 이후로 5달 동안 가지 못했지만, 아픈 몸을 이끌고 갔습니다.

다행히 부모님이 관리를 잘해놓으셨는지 참 깨끗했습니다. 그리고 여자친구의 부모님을 만나서 잠깐 위로도 해 드리고 식사도 하고 그렇게 하루를 푹 쉬었습니다. 결심을 한 이후 처음으로 하루 종일 책을 단 한 번도 보지 않고 쉬었습니다. 그리고 다음 날부터 국어 공부를 해야겠다고 결심했습니다.

국어 공부는 어찌 해야 될지를 모르겠다는 생각이 들었습니다. 그동안의 공부는 양치기였습니다. '국어는 양으로 해서 될 게 아니구나.' 씁쓸함에 어떻게 공부를 해야 할지 연구에 연구를 거듭했습니다.

결국, '문제집을 풀고 → 해설을 방에 처박아 놓고 → 하루 종일 스스로 문제를 해설 → 해설지 보고 틀린 부분에서 내가 생각한 오류를 작은 노트에 기록 → 새 문제집 보기 전에 전부 한 번씩 훑고 → 새 문제집 풀다가 도저히 해설이 안 되는 유형은 바로 앞에 풀었던 문제집에서 비슷한 유형을 제가 만든 해설집을 참고' 하는 식으로 문제집을 풀었습니다. 한 달 동안 문제집을 2권밖에 못 풀었습니다.

그 과정에서 모의고사 성적은 400점 만점 중 330여 점, 기적 같은 변화가 일어났습니다. 다른 과목은 모두 거기서 거기인데 국어 성적이 82점까지 20점이 올랐고 외국어도 듣기 빼고는 전부 다 맞았습니다. 사탐도 조금 더 올랐습니다. 행복했습니다. 이제 국수영에서는 30점 정도만 더 오르면 되고 사탐에서 절반 가까이만 올리면 된다는 생각, 아직 1년의 시간이 남았다는 것, 그 안 가능할 것만 같다는 희망이 생겼습니다.

모의고사를 치른 날 저녁에 여자친구의 묘 앞에 수학 만점 맞은 모의고사 시험지를 바쳤습니다. 해냈노라고. 집에 와서는 복사해놓은 수학 만점 맞은 시험지를 책상에 넣어뒀습니다.

그리고 모의고사 오답 정리를 위하여 당일 국어 문제를 스스로 해설하기 시작했습니다.

그런데 상당히 난도 있는 문제에서 해설이 되지 않았습니다. 이게 어떻게 된 일이지, 결국 해설이 자세하게 되어있는 문제집이 필요하다는 것을 느꼈습니다. 서점에 가서 3시간을 연구한 결과 수능 기출 문제집 2권과 일반 문제집 2권을 샀습니다.

해설이 문제보다 더 두꺼운 책들과 수능 기출을 풀어가면서 느낀 것은 국어영역의 유형은 완전히 한정되어 있고 크게 2~3개 유형으로 분류할 수 있을 거라는 생각이었습니다. 우선 수능 기출을 풀어나가면서 각 유형별로 가장 도움이 되는 사고방식과 방법 등을 익히고 기록해놓고 기존에 제가 해설해 놓은 두 권의 문제집과 비교해 가면서 한 달 동안 국어 문제집 4권과 영어 문제집 2권, 수학 문제집 2권만을 하고 있었습니다.

저는 학교에서 선생님들이 아예 터치를 안 하기 때문에 수업시간에 소음만 제외하면 완전히 자유롭게 공부할 수 있었습니다. 후에는 귀마개를 절반으로 잘라서 필요한 학교 수업만 들어가면서 공부하였는데 그래도 하루에 평균 수업 1~2개 정도를 듣고 전부 자습을 하다 보니 아침 7시부터 밤 11시까지 적어도 13~14시간은 공부가 가능했습니다. 하루에 화장실은 무조건 3번 이하, 밥은 10분 안에, 5교시 끝나고 잠깐 10분만 자는 것을 제외하고 모든 것을 철저히 공부에 쏟아부었습니다. 그중 시간이 조용한 자율 학습 시간이 하루에 6시간 정도 주어졌는데 그 시간은 모조리 국어 해설에 쏟아붓고, 남은 시간 중 2시간은 수학, 2시간은 영어에 쏟은 다음에 남은 3시간에서 4시간은 교과서를 읽으면서 학습 목표를 보고, 그 학습 목표에 충실하게 학습 활동을 해 나갔습니다.

기초가 없는 이유는 교과서의 원리 학습을 제대로 하지 못한 것이라는 판단으로 교과서에 생각보다 시간을 많이 쏟았습니다. 한 달간은 정말 진도가 더디게 나갔지만 조금 시간이 지나고부터는 속도가 붙었습니다. 비슷한 유형을 묶어서 공부하고, 그 유형에서 또 다른 신유형을 찾아보고, 결국 나중에는 초대형 노트를 사서 '수능 국어 유형을 알려주마!!'라는 제목을 적고 유형마다 모든 발문 유형과 제가 생각하는 가장 필요한 포인트들을 간단하게 적어놓는 식으로 공부했습니다. 이 발문 유형집은 아직도 완성이 되지 않았고, 앞으로도 조금씩 덧붙여 나가야 되겠지요. 또한 이때부터 신문을 집에서 읽기 시작했습니다. 수면시간을 3시간으로 조금 더 늘리면서 집에서 주로 신문을 읽기 시작했습니다.

이렇게 언어 공부를 10월까지 해 나가다가, 문학 부분이 약하다는 생각을 하게 되었습니다. 그래서 큰 연습장을 하나 사고 거기에 시를 프린트해서 붙인 다음 빨간색, 파란색, 검정색, 초록색 등 여러 색을 이용해서 주제가 느껴지는 부분, 표현이 기가 막히게 다가왔던 부분, 비슷한 느낌을 가진 시어, 전체적인 시의 흐름이 잡히는 행 등등을 선과 기호로 표시하면서 시를 조금씩 정리해 나가기 시작했습니다. 이 작업은 오랜 시간 저를 애먹였습니다. 속도도 붙지 않고 이해 안되는 시도 있었지만, 그래도 열심히 했습니다. 고2 11월 한 달은 '시 감상＋국어 해설' 위주로 하면서 영어와 수학을 빼놓지 않고 공부했습니다.

그리고 다가온 12월 4일 모의고사. 이때부터는 입시 변화로 500점 만점 시험이었습니다. 국어 84, 수리 100, 외국어 100, 사탐 120 총점 500점 만점 중에 404점이었습니다. 수학과 영어는 복습해 나가면서 국어와 사탐만 하면 문제 없다고 생각했습니다. 이번 시험에서 취약점으로 드러난 소설을 정리하기 시작했습니다.

시중의 모든 문학 문제집의 소설 지문을 전부 여러 색깔로 정리해 가면서 지문 안에서 작가가 의도한 내용이 무엇인지를 정리했습니다. 전체 주제는 의미가 없다고 형이 알려주더군요. 그래서 심도 있게 정리를 해 나갔습니다.

학교가 너무 시끄러워져서 담임선생님께 학교 도서관에서 공부하겠다고 허락을 맡고, 방학 전날까지 아침 7시~밤 11시까지 15시간 동안 1시간 정도의 잡시간을 제외한 14시간 동안 국어를 7시간, 영어와 수학은 2시간씩, 그리고 사탐을 3시간씩 교과서 위주로 정리하기 시작했습니다. 저는 국사, 법과 사회, 세계사, 정치, 윤리, 경제, 사회문화, 한국지리를 공부해야 되겠다고 생각하고 교과서는 워낙에 내용이 쉽고 한번 읽어놓으면 기초 내용을 어느 정도 머릿속에 담아놓을 수 있겠다고 생각하여 국사, 법사, 전통윤리, 윤리와 사상, 사회문화 교과서 5권을 중심으로 12월까지 읽어나갔습니다. 이때부터 나태해지는 것을 막기 위해서 찬물로만 샤워하기 시작했습니다. 지금은 따뜻한 물과 번갈아 가면서 샤워하지만 방학 때는 추운 겨울에 계속 찬물로 샤워하는 것을 습관화하면서 공부했습니다.

저는 비문학 부분은 그렇게 어렵지 않았습니다. 그냥 간단하게 지문구조를 그림으로 정리해 보고, 핵심 문장을 찾아내는 연습과 꾸준히 어휘를 외우는 정도의 공부로 충분히 대처가 되었으니까요. 집에서 주로 했던 공부 중 하나는 시간 국/영/수 개별 모의고사와 함께 듣기 연습이었습니다. 어머니 아버지께서 주무시는 데 방해가 될까 봐 스피커로 듣지 않고 헤드폰으로 듣기를 했는데 지금까지의 모의고사에서는 별 문제가 없었습니다만, 3학년 때 배정받은 반의 스피커 음질이 아주 안 좋은 바람에 3월부터는 스피커로도 조금씩 듣기 연습을 해 나가고 있습니다. 국/영/수는 철저하게 60분/60분/90분의 시간을 재고 풀었습니다. 여유시간＋듣기＋마킹을 해 보니 국어는 30분 정도는 여유 있어야 되겠더군요. (당시 수능 국어는 50문제에 90분이었음) 요새는 국어 영어 둘 다 55분 정도로 줄여서 풀고 있습니다. 조만간 영어는 50분으로 줄여도 될 듯싶더군요. 수학 영역 역시 시간을 10분 정도 줄여나가고 있습니다. 시험을 보고 난 다음에는 틀린 문제 위주로 다시 한번 꼼꼼하게 검토하고 오답 노트를 제작했습니다. 최근 평가원 & 교육청 모의고사만 골라서 풀어보고, 국가 모의고사와 사설 모의고사의 오답 노트를 구분해서 제작했습니다. 집에 있는 시간도 간식을 먹거나 잠깐 음악을 듣고 자는 시간 빼고는 거의 4시간 30분 가까이를 공부에 쏟았습니다. '샤워＋간식＋음악 감상'은 모두 1시간에 마쳤습니다. 학교에서 집까지의 거리가 한 30분 돼서 그 시간 동안은 단어를 복습하고 수학은 '기초 공식과 기초적인 응용', 국어는 '문제 풀이 원리와 자세', 영어는 '해석 포인트 문법 핵심'이 적혀 있는 노트를 10분씩 읽고 집에 와서 간식 먹고 잠깐 샤워하고 국어 모의고사 음악 감상(10분) 수학 모의고사 음악감상(10분) 외국어 모의고사 음악감상(10분) 이런 식으로 공부했습니다.

방학이 시작되자 학교를 나가지 않았습니다. 당시 전교 1등이 저였습니다. 그 전 전교 1등은 500점 만점에 총점 370이었던 친구였습니다. 학교 수업의 질이 참으로 당황스러운 수준이라 우선 방학 때 사회과목은 모조리 공부해 놓자고 해서 사회과목들을 인터넷 강의와 교과서 위주로 정리하면서 각 과목당 문제집을 3권 이상씩 풀면서 틀리는 문제는 언어와 마찬가지로 판단 근거에서 생겼던 사고의 문제점들을 기록해 나가고 정리하는 식으로 공부를 했습니다. 집에서 지내던 시간 동안 하루에 19시간 정도씩 공부했던 것으로 기억합니다. 사탐을 6시간, 국어를 6시간, 영어를 3시간, 수학을 3시간, 종합적인 복습 1시간 이런 식으로 하고 식사와 휴식은 약 2시간이었습니다. 잠은 3시간 정도 잤습니다. 이렇게 수면과 휴식시간 총합 5시간을 빼면 공부 시간이 19시간이 나왔습니다. 그렇게 겨울방학을 마쳤습니다.

이제 고3이 되었습니다. 3월에 개학을 하고 변함없이 사탐 공부 비중을 조금 줄였습니다. 이제는 시중에 있는 어떠한 문제집에도 자신이 있었습니다. 비슷한 공부 방법을 지속적으로 지켜나가면서 공부했습니다. 3월 18일 고3 첫 모의고사 날 심하게 아팠습니다. 재수가 없었는지 그로부터 한 4일간 아파서 제대로 공부를 하지 못하다가 22일쯤에 다시 회복이 되어서 그동안 공부한 것을 복습하는 수준에서 만족하면서 26일 모의고사를 준비해야 했습니다. 두려웠습니다. 그러나 떨지 않았습니다. "난 할 수 있다. 난 지금까지 그 누구보다 열심히 했다. 내 노력은 성적이 아니라 노력 자체만으로 높게 평가받을 자격이 있다."라고 생각했습니다.

그리고 모의고사 날, 국어는 무언가 탁 막힌 감이 있었습니다. 그러나 몇몇 문제에만 해당하는 것이었고 제가 보기에 아직도 미숙한 점이 있는 듯싶었습니다. 시간은 엄청나게 남아서 계속 검토하고 검토하고 검토하고 검토하는 과정에, 답의 근거를 찾지 못하는 문제는 마킹하지 않았습니다. 딱 1문제, 이미 2점이 감점된 상태. 남은 문제를 모조리 마킹하고, 2교시 수학 시간, 지난 18일 모의고사 문제를 집에서 풀어보면서 상당한 난도를 체감한 터라 그렇게 어렵지는 않았습니다. 역시나 전부 풀고 시간이 남아서 또 검토하고 그리고 종이 쳤습니다. 난이도는 그렇게 높지 않았던 것 같았습니다. 점심은 대충 먹고 영어듣기 연습을 하고 난 다음 다시 자리에서 조용히 눈을 감았습니다. 제가 집중하려고 하는 순간에 즐겨듣는 음악인 유키 구라모토의 'Meditation'을 들었습니다. 그리고 영어 시간, 난이도는 아주 쉬웠습니다. 평상시보다 시간은 3분 정도가 더 남았습니다.

그리고 4교시 사탐 시간이 되었습니다. 이 시간에는 솔직히 조금 지쳐버리더군요. (이 당시에는 사탐 4과목을 봤음) 최대한 빠른 속도로 과목을 풀고, 검토해 나갔습니다. 약 20분마다 한 과목의 점검이 끝나고, 2~3분 동안 마킹하고 그렇게 90분 동안 모든 작업을 끝내고, 남은 과목들 중에서 제가 따로 공부하는 과목들 역시 풀어보았습니다. 훑어본 결과 그렇게 난도가 높지 않았습니다.

약 3분 뒤쯤 담임선생님이 들어오셔서 답지를 나누어주시더군요. 채점을 했습니다. 국어는 96점, 수학은 만점, 영어도 만점, 사회탐구 법과 사회 48점, 국사 50점, 정치 48점, 세계사 48점을 포함해서 사회탐구 4과목 194점. 전 과목 500점 만점 중에 총점 490점이었습니다.

꿈, 꿈이었다고 생각했습니다. 다시 채점하고 또 채점하고 단 1점도 내려가지 않는 재채점 결과였습니다. 그리고 그날 집으로 돌아오면서 문구점에 들러서 시험지를 복사해놓고 편지지를 샀습니다. 집에 들어가서 편지를 써서 여자친구가 잠들어 있는 곳으로 다시 찾아가서 절하고 편지를 놓고 남은 10점을 더 따서 돌아오겠노라고 아니 남은 10점을 채울 수 있는 가치가 있는 노력을 하고 돌아오겠노라고 약속했습니다. 너의 이름을 걸고 약속하겠노라고.

그리고 다시 돌아와서 오답 노트를 만들고 스스로 해설을 하고, 모의고사 이후 다시 9일 동안 열심히 공부해왔습니다. 그리고 모의고사 끝난 지 9일 후인 현재 제가 집에 돌아와서 잠깐 동안 여자친구와의 이야기를 기록하는 이곳, 다른 공부 잘하는 분들의 공부하는 방법을 보면서 저랑 일치하는 것을 보고 자랑스럽게 생각하고 기뻐하는 이곳에 제가 공부해 온 길을 한 번쯤 적어보고 싶었습니다. 많이 어설프고 두서가 없는 글이지요? 긴 글 끝까지 읽어주셔서 감사드립니다.

누군가가 공부는 투쟁이라고 했거든요? 근데 저는 그렇게 생각하지 않습니다. 국어 수학 영어 사탐 과탐 모든 것이 우리 인생의 크나큰 파도와 시련을 헤쳐 나감에 있어서 좀 더 능동적으로 무언가를 해결해 나갈 수 있는 능력을 길러 준다고 생각합니다. 먼 훗날 내 자식이 나에게 수학 문제를 물었을 때 대답할 수 있도록 하기 위해서 수학을 공부하는 건 아니지 않습니까. 저는 수학이 명석한 사람으로 만들어 주고, 국어가 논리적인 사람으로 만들어 주며, 사회탐구는 깊이 있게 사람으로 만들어 주며, 영어는 능동적으로 말하고 여러 관점으로 생각할 수 있는 사람으로 만들어 주는 효과가 있다고 생각합니다. 공부를 하면서 폐쇄적인 성격도 많이 줄어들었습니다. 특히 영어를 공부하면서, 문법을 공부하면서 미국의 문화와 우리 문화의 차이, 그로 인해서 문법이 달라지고, 그 민족적 특성에 의해서 공부해야 하는 방식 자체가 바뀐다는 것을 느끼면서 다른 관점으로도 생각할 수 있다는 것을 배웠습니다.

저는 "공부가 행복하다."라고 말씀드리고 싶습니다. 제 자신을 깊이 있게 단련하고 스스로 조금 더 단단해지고, 여물어져 가는 과정이 바로 공부라고 생각합니다.

저는 공부에 왕도가 없다고 생각합니다. 겨울방학에 인터넷 강의를 들으면서 또 여러 문제집과 수업을 들어보면서 '영어는 어떤 강사가 최고다 혹은 영문법의 최강은 어떤 책, 국어 독해는 이 책이 제일 좋아' 이런 것보다는 스스로 알아가고 스스로 깨우치게 해 주는 책이 가장 좋은 책이며, 그 책은 사람마다 다 다르다고 배우게 되었습니다. 모두가 나쁘다고 한 책이 자신에게 좋을 수도 있듯이 말입니다. 공부를 할 때 너무 '지금'에 얽매이지 마십시오. 세상을 보는 눈, 세상을 살아가는 힘, 지금의 나 자신을 판단할 수 있는 능력을 길러주는 내 인생에서 가장 소중한 것을 만들어 주는 것이 바로 '공부'라고 생각합니다. 공부를 싫어하지 마세요. 공부는 우리가 누릴 수 있는 가장 좋은 권리이자, 행복입니다. 우리는 공부를 포기해서는 안 됩니다. 실력은 단기간에 오르지 않는다고 생각합니다. 저는 시간이 많아서 그렇게 시도해 보았지만 주변의 수많은 사람들은 저와 또 다른 입장에 서 있더군요.

저는 제 공부 방식이 좀 유별났다고 생각합니다. 그래도 단기간에 많은 것을 정리하고 복습하는 과정에서 많은 것을 얻었습니다.

제 공부에는 제 魂이 살아있습니다. 제 魂은 아직도 炎이며 앞으로도 불타오를 것입니다. 제 魂이 살아있는 제 1년의 시간을 무시하지 마세요. 그냥 아 이런 사람이 있구나, 아 저렇게도 가능하구나 하고 받아주세요.

저는 아직도 공부를 시작할 때 잠깐의 두통이 있습니다. '생각생각, 생각하자.'라는 것이 머리를 짓눌러대서 아직도 '공부를 해야지.'라는 생각이 들면 한 5분 동안 두통에 시달립니다. 저는 스스로를 자학하고 꾸짖는 과정 속에서 두통에 걸려버린 듯싶습니다. 그래도 좋습니다! 그래도 공부는 행복합니다! 제 공부 방법이 옳다고 생각하지 않더라도 제가 공부하면서 변치 않는 마음으로 지켰던 魂과 意志를 기억해 주십시오.

저보다 더 노력하신다면 11월 17일 수능일에 분명히 저보다는 높은 곳에서 웃으실 수 있을 거라 확신합니다. 글을 잘 쓰지 못하는 성격이라서 엉성한 부분이 있어도 양해 부탁드립니다. 행복하세요. 그리고 화이팅!